本书受国家社会科学基金重点项目资助
本书受浙江省纪委省监委特约研究员项目资助

廉能激励相容

新时代清廉评价与建设探索

郭剑鸣 著

北京大学出版社

图书在版编目(CIP)数据

廉能激励相容:新时代清廉评价与建设探索/郭剑鸣著.—北京:北京大学出版社,2020.12

ISBN 978-7-301-31908-6

Ⅰ.①廉… Ⅱ.①郭… Ⅲ.①廉政建设—中国 Ⅳ.①D630.9

中国版本图书馆 CIP 数据核字(2021)第 024496 号

书　　　名	廉能激励相容：新时代清廉评价与建设探索 LIANNENG JILI XIANGRONG：XINSHIDAI QINGLIAN PINGJIA YU JIANSHE TANSUO
著作责任者	郭剑鸣　著
责任编辑	朱梅全
标准书号	ISBN 978-7-301-31908-6
出版发行	北京大学出版社
地　　　址	北京市海淀区成府路 205 号　100871
网　　　址	http://www.pup.cn　　新浪微博：@北京大学出版社
电子信箱	sdyy_2005@126.com
电　　　话	邮购部 010-62752015　发行部 010-62750672　编辑部 021-62071998
印　刷　者	河北涿县鑫华书刊印刷厂
经　销　者	新华书店 730 毫米×980 毫米　16 开本　17.25 印张　201 千字 2020 年 12 月第 1 版　2020 年 12 月第 1 次印刷
定　　　价	64.00 元

未经许可，不得以任何方式复制或抄袭本书之部分或全部内容。
版权所有，侵权必究
举报电话: 010-62752024　电子信箱: fd@pup.pku.edu.cn
图书如有印装质量问题，请与出版部联系，电话: 010-62756370

序

廉政治理是一个古老而又时新的课题。人类社会的历史显示，任何政治体系都会受到腐败"毒瘤"的攻击，也只有通过反腐败斗争的胜利赢得社会的认同，政治体系才能巩固其合法性和有效运行。

党的十八大以来，党中央从全面推进从严治党和实现国家治理现代化的战略高度，持续深入开展反腐败斗争，并取得反腐败斗争的压倒性胜利。党的十九大报告进一步确认，加强党的长期执政能力建设，保持党的先进性和纯洁性，是新时代党的建设的主线。

实践表明，"廉政"与"能政"是新时代干部践行全面从严治党，不断提高党的执政能力和领导水平一体两面的构成要素。为此，以"廉能兼优"作为干部成长的价值导向，创建清廉的政治生态、清朗的社会风气和清新的政商关系，是新时代廉政建设和干部考核评估的重要内容。郭剑鸣教授的新作《廉能激励相容：新时代清廉评价与建设探索》将廉政建设置于全面从严治党和社会经济高质量发展两大宏观背景中，围绕促进干部干净与担当有机融合，深入探索新时代廉政建设的新理论、新方法和新机制，是廉政治理体系和治理能力现代化研究的创新性力作。

选择前瞻性的主题和独特的视角，是特定研究成功与否的关键。在新时代，廉政建设进入了新阶段，在反腐败斗争取得压倒性胜利的同时，腐败现象出现了一些新变化，比如，"消极避责腐败"成为腐败的新形式，干部公务行为中出现了精神萎靡的"瞌睡式"、推

廉能激励相容
新时代清廉评价与建设探索

诿扯皮的"太极式"、文山会海的"传话式"、出工不出力的"磨洋工式"等"庸政懒政"现象，相当程度上妨碍了我国经济社会的高质量发展，这表明提升廉政治理的水平和效能依然任重道远。习近平总书记在十八届中央纪委第六次全体会议上的讲话中指出："'锄一害而众苗成，刑一恶而万民悦。'我们坚持有腐必惩、有贪必肃。同时，我们着力解决发生在基层和群众身边的不正之风和腐败问题，让正风反腐给老百姓带来更多获得感。"①党的十九大报告明确指出，党的干部是党和国家事业的中坚力量，要"旗帜鲜明为那些敢于担当、踏实做事、不谋私利的干部撑腰鼓劲"②。因此，在反腐败的新形势下，深入推进激励与约束并重、严管与厚爱相加，实现干部干净与担当结合，已经成为廉政评价与建设的重要课题。本书前瞻性地抓住了这一主题，以干部"廉能耦合"作为研究清廉评价与建设的独特分析视角，以促进干部"廉政"与"能政"良性耦合的机制与路径为研究对象，探索调整优化孤立的政绩评价和单独的清廉评价体系，为医治"能人腐败"与"庸人履职"的"跷跷板"式痼疾寻求路径。

博采学科交叉的理论和方法，是本书的另一鲜明特征。本书的研究重点聚焦于中国政府与政治，但是，其分析和论述并不囿于政治学和行政管理学，而是基于政治学与行政管理学，同时从物理学运动原理中汲取"耦合"理论的有益养分，借用经济学的"资源错配"和管理学的"激励相容"原理，解决两个以上具相容与相斥关系的对象之间互动支持的难题，论证了其实现的可能性与路径。作者清楚认识到干部"廉政"与"能政"之间存在着相互排斥性。与此同时，作

---

① 习近平:《在第十八届中央纪律检查委员会第六次全体会议上的讲话》，载《人民日报》2016年5月3日第2版。
② 习近平:《决胜全面建成小康社会　夺取新时代中国特色社会主义伟大胜利——在中国共产党第十九次全国代表大会上的报告》，http://www.gov.cn/zhuanti/2017-10/27/content_5234876.htm，2020年6月10日访问。

者根据实证调查,论述了二者相容与相斥的双重特性和辩证关系,揭示出"人民满意"是二者最根本的价值相容所在,而"廉政"与"能政"的各自激励路径选择又具有各自的价值差序,因此,干部考评激励中的错配,在一定程度上会强化干部对"廉"和"能"的差异性选择。基于这些分析,作者指出,需要从激励相容的视角出发构建协同激励机制,从而为干部实现"廉政"与"能政"的良性耦合提供外在动力,由此使干部的"廉""能"行为选择进入"碰触—适应—耦合"的递进式轨道,消除此消彼长的"跷跷板"式倾向,这就为化解二者相互排斥的悖论提供了新颖的理论解释,从而在多学科理论和方法交叉和融通辩证的基础上,在新的层次上回归和深化了政治学和行政管理学的"协同治理""整体性治理"原理。

能否提出和论证创新性观点,是衡量一项研究学术价值的重要标尺。可以说,本书围绕既定主题所展开的理论讨论、归因分析和机制构建,都提出和分析了新颖而令人深思的观点。比如,认为干部"廉政"与"能政"是全面从严治党,不断提高党的执政能力和领导水平的一体两面,在政府价值体系中既不可或缺,也不可相互替代;认为干部"廉"与"能"在推进国家治理现代化进程中相辅相成,为此,应以干部"廉能兼优"发展为目标,统筹激励和约束,避免干部管理理念和机制上片面的激励依赖或约束依赖;主张将激励或约束机制与总体激励约束系统有机结合,形成激励相容的系统机制,既解决不同机制间的激励不协同或约束不对接问题,又解决激励或约束机制内部的激励因素与约束因素不相容问题,如此等等,不一而足。这些观点着眼于促进干部"廉政"与"能政"耦合构建,着力于"目标—手段—过程—评价"四位一体协同激励,并且破除了强化"廉政"与强化"能政"不可避免会出现"庸人履职"与"能人腐败"这样的悖论,为实践中避免片面激励依赖或约束依赖提供了学理依据。

廉能激励相容
新时代清廉评价与建设探索

　　就研究方法来看，本书进行的研究最为可贵之处在于，通过持续的调查研究和跟踪评估，努力发现廉政评估与建设中的新问题，以耦合度与协同度测量为研究工具，通过比较单向度的清廉评价与干部"廉能耦合"状况测度的差异，探索廉政评估与建设的新路径。长期扎根基层、源于田野的研究方法，使得本项研究成果获得鲜活的内容。据我所知，郭剑鸣教授率领的团队自2014年开始就组建百人廉政建设调研团，聚焦浙江省县级政府廉洁反腐败的公众感知评价研究，每年出版一本《浙江省县（市、区）政府廉洁反腐败的公众感知评估报告》，产生了广泛的积极影响。该团队对"清廉浙江"评估与建设的建言亦得到时任浙江省委主要领导和多任省纪委领导的肯定批示，并在浙江省20多个市县和大型企业的廉政评估与建设实践中得到推广。

　　当然，选择干部"廉能耦合"主题开展研究本身也具有相当的挑战性。诸如，如何界定干部"廉能耦合"的科学内涵？如何选择干部"廉能耦合"的评价标准？如何建构耦合测度的科学模型？如何保证数据获取的可靠性？这些都有赖于作者进一步深入思考。我们相信并且期待郭剑鸣教授团队循此继进，取得更加深入精细的研究成果。

王浦劬
2020年10月于博雅西园

前　　言

党的十八大以来,以习近平同志为核心的党中央高度重视、全面推进党风廉政建设。特别是以 2012 年 12 月 4 日中共中央政治局会议审议通过的《十八届中央政治局关于改进工作作风、密切联系群众的八项规定》为标杆,党中央采取了一系列反腐倡廉的重大举措。2019 年 1 月 13 日,习近平总书记在十九届中央纪委第三次全体会议上指出,我们要夺取反腐败斗争压倒性胜利。中国反腐败斗争和廉政建设的成就举世瞩目,深得民意。中国的廉政建设一直是与党的执政能力建设同步推进的,或者说廉政建设就是党的执政能力建设的一项重要内容。党的十八届三中全会通过的《中共中央关于全面深化改革若干重大问题的决定》为推进国家治理体系和治理能力现代化点题破题。党的十九届四中全会专门讨论并通过了《中共中央关于坚持和完善中国特色社会主义制度、推进国家治理体系和治理能力现代化若干重大问题的决定》,指出要"把提高治理能力作为新时代干部队伍建设的重大任务","把制度执行力和治理能力作为干部选拔任用、考核评价的重要依据"。干部"廉政"与"能政"是"全面从严治党,不断提高党的执政能力和领导水平"的一体两面,如何以干部"廉能兼优"发展作为干部成长的价值导向,进一步完善系统的干部考评机制为干净担当的干部撑腰鼓劲,值得深入研究。

党的十九大的召开,揭开了中国特色社会主义进入新时代的序

廉能激励相容
新时代清廉评价与建设探索

幕。"加强党的长期执政能力建设、先进性和纯洁性建设"是新时代党的建设的主线。忠诚干净担当是新时代党对干部的基本要求。党的十九大报告明确指出:"坚持严管和厚爱结合、激励和约束并重,完善干部考核评价机制,建立激励机制和容错纠错机制,旗帜鲜明为那些敢于担当、踏实做事、不谋私利的干部撑腰鼓劲。"

但是,在实践中,无论是干部考评机制还是干部行为都与"全面从严治党,不断提高党的执政能力和领导水平"的精神要求存在差距,甚至一定程度上出现了干部"廉政"与"能政"行为选择上的"跷跷板"现象。2015年5月《人民论坛》的调查报告显示,71.7%的调查对象表示自己在与政府部门打交道的过程中经常有"为官不为"的切身体验。通过中国知网检索结果发现,1992—2012年总共仅有5篇文献讨论"为官不为"问题,而2014—2019年增加到603篇,这似乎印证了反腐败高压态势下"为官不为"现象增加的趋势。

为切实把握反腐倡廉新形势下,干部行为的变化以及民众对党风廉政建设落实情况和反腐倡廉实际成效的真切感受,浙江财经大学于2014年成立了党风廉政评价与研究中心,决定从公众感知度(主观)和政府努力度(客观)相结合的视角做一项长期的清廉反腐监测评估实验。为了把工作做得更扎实、具体和可信,我们没有像许多评估报告那样做全国乃至全球范围的评估实验,而是定位于为浙江省的反腐倡廉工作服务,徐图以小窥大。我们的目的不是简单地给各县区做一个廉政建设的排名,而是希望全面了解各地干部干净担当的综合表现,建立浙江县区政府干部考评的公众感知数据库,对地方政府廉政建设和经济社会可持续性发展起到预警查遗、鞭策激励的作用。同时,探索有中国特色的廉政评价体系,形成自主的政府清廉评价话语权。

整个评估实验按照"总—分—总"的思路分三步进行。第一步,先对已有的清廉评价和干部考评机制进行总体反思,查找问题、分析原因,并根据新时代我党执政兴国对干部的新要求构建清廉评价与干部考评的战略愿景;第二步,分别开展清廉评价、干部"廉政"与"能政"耦合测度,重点观察在清廉评价体系中干部的表现,以及在以增加公众获得感为目标、干部干净担当综合要求的评价体系中干部的表现;第三步,归纳综合两种评估试验的不同特点和结果差异,比较两种评估环境下干部行为的变化和民众对干部满意度的变化,最终为完善激励干部"廉能兼优"成长的新时代清廉评价与建设体系提出建议。

与当前一些分别从激励干部"廉政"与"能政"维度进行的考评研究不同,本研究不仅提出干部"廉能兼优"发展的价值理念,而且还设计了促进干部"廉能兼优"成长的评价体系和建设机制体系。提出健全的清廉评价体系是强调"廉而保能",而非消极保廉,蕴含着"廉能兼优"的激励功能。我党对干部廉政的评价是以清廉准则为规约、以干部积极作为和努力奉献为基础展开的。北宋司马光有句名言:"才者,德之资也;德者,才之帅也"(《资治通鉴·周纪》)。如果将"德""才"关系比作"廉""能"关系,这样的寓意也是恰当的。也就是说,任何干部的才干政绩都要符合廉政的规范,与此同时,对一个没有任何作为的干部讨论其廉政问题也是没有意义的。表面上看,"慵懒散"式的不作为不符合传统意义的"以权谋私"腐败,但其实质仍然是不给好处就不办事现象的翻版。"庸政、懒政同样是腐败",或者说是"消极腐败"。比如,精神萎靡的"瞌睡式"作为、推诿扯皮的"太极式"作为、文山会海的"传话式"作为、出工不出力的"磨洋工式"作为等,都可以归于消极"腐败"之列。因为正是在"干净"与"干事"、"廉政"与"能政"相统一的清廉评价话语体系和制度环境中,我国干部形成了比较常见的"五加二""白加黑"工作模式,他们对所辖地域、分管行业所尽的管理和服务责任近乎无限的担当,引领和助推着国家建设取得了长足的进步。这是已有研究不能辨证处理"廉""能"关系的廉政评价话语体系所存在的局限。

基于实证和案例的研究表明,只有将干部激励与干部约束统筹起来,消除单方面的激励依赖或者约束依赖,才能充分体现十九大报告关于"完善激励和约束并重的干部考核评价机制"的精神内核。在促进干部勇于成事、干净干事的目标追求上,已有的研究和实践往往要么强化"政绩导向",只重结果成效大小不问过程是否合理,要么过于恪守一些程序性的制度考核要求,"留痕不留绩",都存在片面理解"全面从严治党"与"提高党的执政能力与领导水平"的关系的质疑。本研究从理论上探索两个及两个以上存在相容与相斥双重关系对象的互动支持的可能性与路径,并不应然认定"廉政"与"能政"的相容性,无视或低估其排斥性,而是从两者的内在要素和实证调查出发,客观把握两者所具有的相容与相斥双重特性,认为提升政府的公众满意度是两者最基本的相容性,而各自对激励路径和手段的选择又具有一定的价值差序;基于耦合理论,阐明实现干部"廉政"与"能政"良性耦合的前提是保留支撑各自价值底线的必要动力,而非此消彼长的"跷跷板"式倒向,为化解两者的"背离"难题提供理论解释。

本书将单个激励或约束机制与整个激励约束系统统筹起来,形成激励相容的系统机制,既解决不同机制间的激励不接力或约束不接力问题,又解决激励或约束机制内部的激励因素与约束因素的相容问题,深入挖掘一些地方干部考评机制内含的"激励错配"和"激励碎片化"问题,研究干部职业生涯自然过程螺旋递进的协同激励体系,保障干部"廉能兼优"发展各激励机制和环节的无缝衔接。全面、系统、量化、具体回答如何实现干部"廉政"与"能政"激励相容的

前言

基本原则、评价指标、实施程序和保障条件。

本研究除得到国家社会科学基金重点项目资助外，还受到浙江省纪委、省监委委托项目的资助。我们自2014年开始组建百人调研课题组，2015—2019年不间断出版发布了《浙江省县（市、区）政府廉洁反腐败的公众感知评估报告》，得到浙江省纪委历任主要领导的重视和批示。2018年7月20日，中共浙江省第十四届委员会第三次全会通过了《中共浙江省委关于推进清廉浙江建设的决定》，将"清廉浙江"建设确定为"六个浙江"建设战略之一。我们根据该决定的精神，结合新时代干部评价面临的新形势，将"清廉评价"与"廉能耦合"测度比较发现的一些新问题，形成了《关于完善能廉激励相容的干部考评机制促进干部成长的建议》，报送给浙江省委，得到省委主要领导的肯定批示。2019年，浙江省纪委、省监委又委托本课题组研究"清廉浙江评价指标与机制"，课题成果《清廉浙江评价指标体系》得到省纪委省监委主要领导肯定批示，并由省纪委省监委研究室采纳推广应用，受到不少市县和企业的好评。感谢长期以来支持、鼓励和包容我们在清廉评价与建设研究领域所作的创新尝试的领导和同行！

本书是我们首次从"廉能耦合"的视角探索新时代政府清廉评价与建设的成果。虽然我们始终坚持正确的政治方向，努力做到科学公正，但内心促进反腐的动力和面临的环境压力是并存的。我们真诚恳请各界人士予以批评指正！

郭剑鸣
2020年7月

目 录

绪论   001

第一章   清廉评价的国际认知与中国愿景   013
    第一节   清廉评价的内涵   015
    第二节   国际主要清廉评价体系与方法   020
    第三节   国际清廉评价的漏洞与虚伪性   022
    第四节   公众期许与政府自觉耦合：清廉评价的中国愿景   031
    第五节   廉能耦合：中国清廉评价与建设的科学进路   037

第二章   "廉能耦合"：问题的提出与理论基础   043
    第一节   "能人腐败"与"为官不为"的"跷跷板"现象   045
    第二节   干部"廉政"与"能政"的可耦合性   049
    第三节   分析干部"廉能耦合"问题的理论视角   054

第三章　从清廉评价到"廉能耦合"测度：以浙江为例　065

第一节　浙江省域清廉公众感知评价实验（2015—2019）　067

第二节　浙江省典型县域干部"廉能耦合"测度（2017—2019）　091

第三节　清廉评价与"廉能耦合"测度结果比较及其启示　112

第四节　完善清廉评价体系的新维度　117

第四章　激励错配与干部"廉能耦合"　127

第一节　激励错配：内涵与形态　129

第二节　干部"廉能"激励错配的实践例证　134

第三节　制约干部"廉能耦合"的激励不相容问题　139

第五章　容错纠错与干部"廉能耦合"　145

第一节　干部容错纠错机制存在的问题　147

第二节　容错纠错机制实施中相关方的行为偏好　151

第三节　行为偏好整合与容错纠错机制合理性的理论维度　159

第四节　巧用容错纠错机制促进干部"廉能兼优"成长　166

第五节　提高容错纠错机制的相容性　173

第六章 心理障碍与干部"廉能耦合" 185
  第一节 问题的提出 187
  第二节 文献回顾与研究设计 189
  第三节 基层干部心理障碍症状和成因实证分析——以浙北 Z 为例 194
  第四节 结论与发现 199

第七章 激励相容:促进干部"廉能耦合"的基本进路 207
  第一节 激励相容:完善干部廉能评价机制的理论向度 209
  第二节 激励相容的干部廉能考评路径选择 212
  第三节 完善激励相容的干部容错纠错机制 216
  第四节 引入心灵治理:消解干部干净干事的心理障碍 220
  第五节 强化精准问责:打击消极保廉 225

余论 231

参考文献 241

绪 论

一、研究背景及意义

2016年5月17日,在哲学社会科学工作座谈会上,习近平总书记向全国哲学社会科学工作者发出"构建中国特色哲学社会科学,在指导思想、学科体系、学术体系、话语体系等方面充分体现中国特色、中国风格、中国气派"的号召。[①] 本书正是建设有中国特色清廉评价的学术体系、评价体系和方法的一种探索和尝试。反腐败工作是一项长期、系统的工程,需要环境净化—制度践行—监督评价三位一体有机结合。要真实把握反腐倡廉新形势下,民众对党风廉政制度建设落实情况和反腐倡廉实际成效的真切感受,需要开发与运用适合我国政府运行环境、过程和关系的清廉调查、评价模式和方法。

2016年1月12日,习近平总书记在十八届中央纪委第六次全会讲话中指出:"'锄一害而众苗成,刑一恶而万民悦。'我们坚持有腐必惩、有贪必肃。同时,我们着力解决发生在基层和群众身边的不正之风和腐败问题,让正风反腐给老百姓带来更多获得感。"[②] 2017年1月6日,习近平总书记在十八届中央纪委第七次全会讲话

[①] 资料来源:http://www.xinhuanet.com//politics/2016-05/18/c_1118891128_3.htm,2020年6月10日访问。

[②] 资料来源:http://news.12371.cn/2016/05/03/ARTI1462226060266788.shtml,2020年6月10日访问。

中再次指出,惩治群众身边的不正之风和腐败问题、着力增强人民群众获得感。① 这为新时代中国廉政评价与建设指明了方向、明确了目标。

干净与担当结合是保证人民群众从正风反腐中得到更多实惠的组织保障。干部"廉能耦合"发展是"全面从严治党,不断提高党的执政能力和领导水平"重要命题的一体两面,"廉能耦合"即干部"廉政"与"能政"良性耦合、相向并行。党的十九大报告明确指出:党的干部是党和国家事业的中坚力量,要"旗帜鲜明为那些敢于担当、踏实做事、不谋私利的干部撑腰鼓劲",各级党组织要关心爱护基层干部,主动为他们排忧解难。② 但在实践中却存在一定程度的"廉政"与"能政"背反现象,"能人腐败"与"庸人履职"犹如按下葫芦浮起瓢,严重影响党的"四个全面"战略布局和"五位一体"总体布局的贯彻实施。如何促进干部清正廉洁与勇于担当实现良性耦合正是十九大报告提出要严管和厚爱相加,完善激励和约束并重的干部考核评价机制的精神内核所在,也是新时代清廉评价与建设的新标尺。③ 为此,本研究以干部"廉能耦合"作为清廉评价与建设的新思维,以促进干部"廉政"与"能政"良性耦合关系及相关机制与路径为研究对象,以耦合理论及其耦合度与协同度测量方法为研究工具,通过比较单向度的清廉评价与干部"廉能耦合"状况测度的差异,探索改变单纯的政绩评价和清廉评价体系,为新时代清廉评价与建设提出学理思考和资政建议。

---

① 资料来源:http://www.gov.cn/xinwen/2017-01/06/content_5157361.htm,2020年6月10日访问。
② 资料来源:http://www.gov.cn/zhuanti/2017-10/27/content_5234876.htm,2020年6月10日访问。
③ 黄涛:《让获得感成为正风反腐新标尺》,http://fanfu.people.com.cn/n1/2017/0503/c64371-29251805.html,2020年6月20日访问。

二、研究框架及内容

本研究以"一体二核三维"为总体研究框架。"一体"即以探索促进干部"廉能耦合"发展的系统机制创新,构建新时代清廉评价与建设科学体系为主题。"二核"即从理论和经验两方面挖掘干部"廉能耦合"发展的体制条件,一方面,系统总结浙江统筹干部"廉政"与"能政"考核评价机制创新,协同激励"狮子型"干部和"廉洁政府"建设的有益经验;另一方面,从以往"单纯政绩考评机制"和"单纯清廉评价机制"各自内在的激励碎片化的视角,双向检视干部"廉能乖离"的"跷跷板"问题。"三维"即运用实地案例分析和实证研究的方法,从"干部评价激励错配、干部容错纠错机制和干部心理压力"三个维度解剖制约干部廉能耦合履职的障碍因素,在此基础上,探索构建促进干部廉能耦合履职的体制机制,以有效化解新时代清廉评价与建设中出现的新问题。本书主要内容包括:

(1)从理论逻辑和现实需求结合、干部"廉政"与"能政"结合、政府努力与公众感知结合三个维度,探索新时代中国清廉评价与建设的战略愿景。

(2)"廉政"与"能政"良性耦合的理论及其方法研究。具体探讨以下内容:① "廉政"与"能政"良性耦合的内核与特征;② 关于相容相斥并存关系的良性耦合与恶性耦合形成的机理和引致因素,重点挖掘耦合理论对良性耦合所必备的相容要素聚集强化机理;③ 耦合理论关于耦合度、协同度评价方法应用到"廉政"与"能政"耦合研究中的特殊性与适应性问题。

(3)以浙江十个典型县域为例,开展干部"廉政"与"能政"耦合状况评价。① 以提升公众对政府的满意度为总目标,"廉政"与"能政"为参与耦合的子系统,以公众对"能人腐败"和"为官不为"的感知状况、地区经济社会综合发展水平、政府廉政建设努力状况、干部自我满意度等为评价指标,建立"廉政"与"能政"耦合度、协同度评价模型;② 根据政府廉政公民感知水平、地区创新与治理水平差异,筛选典型区域,开展"廉政"与"能政"良性耦合度、协同度量化评价;③ 根据"廉政"与"能政"协同度区分两者耦合的类型,即"廉政"与"能政"相互强化的良性耦合、"廉政"与"能政"相互背离的恶性耦合以及"廉政"与"能政"相互应付的无效耦合。

(4) 选择典型县域分析制约干部"廉政"与"能政"良性耦合的主要因素。① 从目标、手段、过程和评价结果四个维度分析激励错配对干部"廉政"与"能政"耦合产生的负面影响,重点分析强政绩激励下"能人腐败"现象对廉政建设的影响,以及单纯强化清廉评价对一些干部消极履职的影响;② 通过典型案例分析容错纠错机制运行状况差异对干部担当与避责行为的影响,发现党政组织、干部个人和社会公众看待容错纠错机制的心理价值、利益诉求和不合作威胁等方面存在一定歧见或者说行为偏好冲突,大大影响了干部容错纠错机制对干部担当作为的保障作用,同时容错纠错机制实施过程中普遍存在三个"偏软"心结,即申请动力"偏软"、受理意愿"偏软"和救济途径"偏软",在一定程度上影响了容错纠错机制的法理可认性、治理可得性和情理可容性;③ 通过典型县域随机调查数据揭示的心理压力对干部选择担当作为与消极避责的不同影响,认为基层干部普遍存在"任务压力""晋升压力"和"追责压力",干部个体往往难以在这些压力面前自主平衡,因而当干部"心理压力"超出自主平衡能力点时,压力的大小往往与干部积极担当行为呈负相关。

(5) 根据新时代腐败发生的新变化,探索促进干部"廉政"与"能政"递进式协同的系统机制。① 以激励相容为导向,积极整合干部考评体系、完善激励与约束并重的考评机制,压缩干部做"廉""能"选择题的空间,改变单纯的政绩考核和单纯的清廉评价,形成有利于干部"廉能兼优"成长的整体性干部考核机制;② 多措并举,合理完善干部容错纠错机制,最大限度释放容错纠错机制对干部担当作为的激励功能,包括不断优化容错纠错机制文本、坚持适度容错与科学纠错并行、构建组织容错与社会容错结合的制度和文化、保障容错纠错机制适用过程的透明化等;③ 引入心灵治理,强化干部减压降负的制度化,加快推进干部薪酬机制的现代化,增加干部职级晋升的弹性,弱化干部的职务晋升依赖,进而从工作、心理和职业生涯三个层面化解干部干净干事的心理障碍。

三、研究方法

1. 实证研究与规范研究相结合

本书所要研究的基本问题,是从干部"能人腐败"与"庸人履职"现象对"全面从严治党,不断提高党的执政能力和领导水平"的战略目标造成冲击的客观现实出发的,通过采用实证方法,对该问题进行量化解剖,主要包括:在浙江选取典型性的县级政府进行实地调研,并收集相关原始政策文本及经验材料;通过与当地纪委、组织部及各政府职能部门的领导和工作人员进行深度访谈,召开专家和实际政府工作部门共同参与的小型座谈会和研讨会,全面充分地了解干部"廉""能"履职状况,清廉评价和干部考核评价的制度架构、组织网络体系及其对干部考核激励与约束的成效和缺陷。本书的规范研究主要包括:系统阐明了新时代中国清廉评价与建设的愿景;探明了干部"廉政"与"能政"良性耦合的内核与特征,重点挖掘耦合理论对干部"廉能"良性耦合所必备的相容要素聚集强化机理;科学论证了耦合理论关于耦合度、协同度的评价方法应用到干部"廉政"与"能政"耦合研究中的特殊性与适应性问题。通过实证结合规范研究,确证干部"廉政"与"能政"耦合的现实状况和应然愿景的差距,为下一步诊断原因提供实证素材和理论指引。

2. 定性研究与定量研究相结合

本书主要是基于干部在实践中存在一定程度的"廉政"与"能政"背反现象,研究促进干部"廉能耦合"的新时代清廉评价与建设方案。定性研究重点探讨干部"廉政"与"能政"不可偏废的应然性价值要求、评价准则和总体目标,界定"能人腐败"与"庸人履职"对政府的创新力和公众满意度构成的严重危害程度,形成本研究的思想主线即创新清廉评价体系,促进干部"廉能耦合"的发展。定量研究主要解决以下四个问题:(1) 在浙江开展省域实地调研,获取公众对"能人腐败""为官不为"等现象的感知状况,为评价干部"廉政"与"能政"耦合状况和质量提供经验数据;(2) 运用耦合理论关于耦合度、协同度的测定方法,以提升政府的公众满意度为总目标,以公众对"能人腐败"和"为官不为"的感知状况、地区经济社会发展水平、干部自我满意度等为观察指标,建立"廉政"与"能政"耦合度、协同度评价模型,开展干部"廉政"与"能政"耦合状况评价;(3) 运用耦合理论对整体性治理激励模式与协同治理激励模式的优势和不足进行比较分析,找出"廉政"与"能政"良性耦合的最优激励流程配置;(4) 运用等报酬原理对整体性治理激励模式与协同治理激励模式的优势和不足进行比较分析,找出目标与手段相互强化的最优激励强度配置。最后,综合形成解决方案,为系统设计和优化干部廉能考核螺旋递进的协同激励体系提供目标方向和路径参照。

3. 事实分析与价值分析相结合

事实与价值的二分被公认为社会科学的基本准则,"是什么"的事实描述与"应该是什么"的价值判断是密不可分的。政治的本质是选择,首先是价值的选择。干部"廉能耦合"发展具有明确的价值导向,在干部管理、考核及评价的制度建设、体制调适和机制创新的过程中,我们坚持干部"廉政"与"能政"激励相容的价值方向。否则,空有其形的制度、体制和机制难以支撑"全面从严治党,不断提高党的执政能力和领导水平"目标的实现,就只能是"写在纸上、挂在墙上"的制度,而不能真正成为规范干部、激励干部内心的力量。当然,这种价值分析是以基本的事实分析为基础的。本书采用调查、实证和案例分析的方法,挖掘一些地方干部客观存在的干部考核评价激励"碎片化"和激励错配问题,以此讨论导致一部分干部不能很好地统筹坚守"不腐"和"有为"的价值操守,出现"能力腐败"和"庸人履职""跷跷板"现象的现实原因。正是基于这样的现实,如何有效将干部行为的"应然价值"追求与"实然状况"统一起来,既是研究干部考核评价激励机制建设的路径选择的基本条件,也是在新时代如何更好推进清廉评价与建设需要思考的新问题。

四、研究的创新与不足

1. 问题选择的理论性与现实性统一

本研究要解决的关键问题是如何通过完善清廉评价与建设机制,优化激励进而促进干部廉能耦合发展。目前从"廉政"与"能政"激励机制的整体性与协同性相统一的层面上对这一问题进行的研究相对缺乏,但现实中,确实存在一定程度的"能人腐败"与"庸人履职"乖离的"跷跷板"现象,阻碍着中央一再倡导的干部干净担当精神的全面贯彻落实。本书以浙江为例系统解剖浙江在构建干部"廉政"与"能政"激励相容系统机制方面的成功经验和存在的问题,是对浙江发挥"重要窗口"作用的有益挖掘。

本书从理论上探索两个及以上存在相容与相斥双重关系对象的互动支持的可能性与路径,并不应然认定"廉政"与"能政"的相容性，无视或低估其排斥性，而是从两者的内在要素和现实存在的"能人腐败"和"庸人履职"现象的实证调查出发，客观把握两者所具有的相容与相斥双重特性，认为让人民满意是两者最基本的价值相容性，而各自对激励路径和手段的选择又具有一定的价值差序。另外，基于耦合理论和激励相容理论，阐明实现"廉政"与"能政"良性耦合的前提是保留支撑各自价值底线的必要动力，路径是"碰触—适应—耦合"的递进式耦合，而非此消彼长的"跷跷板"式倒向，为化解两者的"背离"难题提供理论解释。

2. 学术观点多维融合

本书从多维理论与经验融合的视角分析干部"廉政"与"能政"的相互关系，汲取耦合理论、激励理论、资源错配理论、整体性治理理论的学术养分，提出学术观点，主要包括：第一，确证"廉政"与"能政"存在价值相容性与路径差异性的客观事实；提出"廉政"与"能政"是国家治理现代化和反腐败压倒态势对干部履职要求的一体两面，在政府价值体系中不可或缺，也不可相互替代；第二，认为在对"廉政"与"能政"良性耦合的价值追求中，不能过分高估两者自我实现良性耦合的应然性，也离不开科学的外在激励强化；第三，认为干部"廉政"与"能政"的自激励存在各自强化、互相弱化、相互应付和阶段性波动等问题，提出"目标—手段—过程—评价"四位一体协同激励思维、"保护性"机制与"惩处性"机制相互包容的观点。主要学术观点的可能突破表现在：

（1）努力从理论和经验上全面阐释干部"廉政"与"能政"的可耦合性。认为干部"廉政"与"能政"是"全面从严治党，不断提高党的执政能力和领导水平"的一体两面，干部"廉"与"能"在推进国家治理现代化目标中相辅相成，应该以干部"廉能兼优"发展为目标统筹起来加以强化激励。提出只要优化廉政评价与干部考核评价及相关干部管理机制,达到一定的耦合条件,干部"廉政"与"能政"就可以实现良性耦合,减少排斥,从而从理论上有力地批驳社会上关于强化"廉政"与强化"能政"不可避免地会出现"庸人履职"与"能人腐败"这样的"跷跷板"式背离的谬论。

（2）努力从理论和经验上全面阐释廉政评价、干部考核评价机制内在的激励要素与约束要素的可相容性,消除单方面的激励依赖或者约束依赖,充分体现十九大报告关于完善激励与约束并重的干部考核评价机制的精神内核。提出只要适当增加激励力度、拓展激励维度和强化不同激励机制之间的激励协同度,就可以达到增强干部"廉能"的相容性、管控其相斥性,促进干部"廉能耦合"发展的目的,从而从理论上避开了是否需要"高薪养廉""高薪能否养廉"等低阶性学术争论,也有利于避免干部管理理念和机制上长期存在的单纯"激励依赖"与"约束依赖"摇摆、"物质激励"与"精神激励"摇摆、"党性约束"与"人文关怀"摇摆。

（3）努力从理论和经验上全面阐释干部政绩考评机制与廉政评价机制间的可协同性。提出将单个激励或约束机制与整个激励约束系统统筹起来,形成激励相容的系统机制,既解决不同机制间的激励不接力或约束不接力问题,又解决激励或约束机制内部的激励因素与约束因素的相容问题,深入挖掘我国各类型干部考评机制内含的"激励错配"和"激励碎片化"问题,研究干部"履职绩效—任职晋升—创新发展"自然过程螺旋递进的协同激励体系,保障干部"廉能耦合"发展各激励机制和环节的无缝衔接。

综合来说,本书提出了以下学术新观点：

（1）"廉政"与"能政"是党和人民对干部履职要求的一体两面,在政府价值体系中不可或缺,也不可相互替代。两者的最大公约数是提高政府的公众满意度,即价值相容性,但"廉政"与"能政"又有着各自内在的生长逻辑和促进机制,即路径差异性。因此,干部存在对"廉政"与"能政"良性耦合的价值追求,但又离不开科学的外在激励强化,不能过分高估其自我实现两者良性耦合的主动性。

（2）"能人腐败"和"为官不为"现象的出现,说明干部"廉政"与"能政"良性耦合程度还有待提高。这虽然有外在环境和个人修养的因素使然,但从管理视角看,更应重点检视体制机制上有没有将"能政"激励与"廉政"激励协同推进,有没有因此导致激励错配,比如对干部"廉政"激励与"能政"激励的各自强化、互相弱化、相互应付和阶段性波动等问题。

（3）强化价值激励的相容性、管控手段激励的相斥性是促进干部"廉政"与"能政"良性耦合的关键。构建两者良性耦合的协同激励机制的基本进路是：遵循干部"廉政"与"能政"激励"目标—手段—过程—评价"四位一体协同思维,通过"保护性"机制与"惩处性"机制协同、正面激励与负面管控路径协同,重点建设鼓励创新的容错机制与打击庸懒散消极腐败的惩处机制,形成"廉政"与"能政"协同递进的体制环境。

（4）增加公众获得感是新时代廉政评价与建设的重要目标方向,但是单向度的清廉评价可能导致干部一定程度的消极保廉倾向,使廉政建设的目标"欲速则不达",只有促进干部"廉能兼优"发展才是实现这一目标的基础和科学进路。

当然,作为国内首个从干部"廉能耦合"视角研究新时代清廉评价与建设策略的成果,本书在研究过程中碰到不少困难,也存在诸多不足。比如,耦合模型未必合理、调查数据能否反映真实情况、相关信息资料获取困难等。本书提出的意见和建议仅仅是基于研究形成的初步结论,是否可行还有待验证。

第一章
清廉评价的国际认知与中国愿景

在习近平总书记发出建构中国特色哲学社会科学话语体系的号召后，关于政治评价话语及其核心内容之一的政府清廉度评价话语的建构理论研究和创新实践再掀热潮。但是，如何使其完美实现学理化与本土化的融合，充分道出中国廉政建设实践的特色和公众的愿景，值得深思。

第一节
清廉评价的内涵

何谓评价话语体系，何谓政府清廉评价话语体系，完整的界定学界尚无定论。不过，评价是一种认知过程，评价话语体系就是对某一现象形成认知的语义进行系统建构。建构主义经典的认知理论认为，"图式"是最关键的关于使客观知识内化为认知的结构。[①]国际关系视域下的"建构主义"将国际关系对话体系结构划分为客观存在的物质结构和共有观念（shared ideas）结构两大部分，亦即话

[①] 建构主义理论创始人皮亚杰（J. Piaget）认为，人类认知发展涉及图式、同化、顺应和平衡四个过程。参见孙君：《世界著名心理学家：皮亚杰》，北京师范大学出版社2013年版，第45页。

语观念体系＋话语运行体系（物质结构）。① 就评价话语体系而言，就是评价理念支配并主导着评价过程、技术与结果，而由评价过程、技术与结果组成的话语运行体系则贯彻、坐实评价理念。根据已有的代表性腐败测度理论、方法和评价实践，我们可以将评价话语体系概括为评价理念选择、评价内容认知、评价过程规范、评价技术与方法解释、评价结果应用相统一的"五位一体"话语结构系统。正义性、系统性、科学性、可操作性和推广性是一个评价话语体系保持生命力的基本元素，也是其转换成话语权的基础。作为系统完整的政府清廉评价话语体系，这五大有机结构都有特定的内涵：

1. 政府清廉评价理念话语是关于清廉评价价值和目标的规定，是对清廉评价可能影响政府施政的道义性、公正性、合法性、廉价性和有效性的期待

拥有明确理念的政府清廉评价话语就是一把消解和捍卫国家主权绝对性的"双刃剑"。正如国际主权信用评级是"汇总主权机构的经济与非经济因素，重点研究主权机构的经济前景、偿债能力和偿债意愿并发布评级结论"②，影响着主权国家经济活动的弹性空间；政府清廉评价则是汇总有关政府施政的贪腐状况、透明程度和公正性等信息而对主权国家政府的清廉度给出分级评价，影响的是主权国家政治行为的正义性和合法性认同。比如，透明国际清廉指数（Corruption Perceptions Index，CPI，又译为"腐败感知指数"）将评价目标设定为区分各被调查国（地区）的腐败程度，而世界经济论坛（WEF）的《全球竞争力报告》（GCR）中的腐败指数将主要目标锁定

---

① 姜可雨：《建构主义视域下"国家形象"的概念辨析》，载《湖北社会科学》2016年第5期。
② 王冠群、周寂沫：《主权评级与国际货币博弈》，载《中国金融》2016年第15期。

第一章
清廉评价的国际认知与中国愿景

在一国政府腐败对该国竞争力的影响,"国家俘获指数"(State Capture Index,SCI)则致力于评估个人或组织为谋取私利对政府腐败可能施加的影响程度。它们分别将评价理念定位于政府施政正义性的某些方面。

2. 政府清廉评价内容认知话语是关于政府清廉评价对象和边界的界定,以确保评价信息采集对象的精准性和较高的关联性

政府行为中的哪些内容应该纳入评价、可以评价,哪些机构、组织和公民可以参加评价,也就是说评价的对象和主客体都应在一个评价话语体系中有明确的说明。比如,"从1996年开始,瑞士洛桑国际管理发展学院每年公布一份《世界竞争力年鉴》报告,其中,有三项指标涉及腐败问题,分别是:非法支付、司法腐败以及贿赂和回扣"[①]。显然涉及腐败的因素远不止这些,但每一个评价话语体系都有其自身长期关注的重点,而运用这一体系展开评价的组织也只有特定有限的资源,廓清评价内容有利于兼顾评价的有效性与可能性,避免评价内容含糊和漫无边际。

3. 政府清廉评价过程规范话语是对施评模式的选择和施评流程的说明,这是保证评价信度和效度的关键

一个评价结果发布后,如何进行回归检验、具不具备可逆性,关乎评价话语的可信性。目前通行的清廉评价分别采取公众感知数据、政府发布数据和两者结合的方式组织评价,这些评价体系在数据来源、调查对象分布、分析处理阶段设置方面各有优势和不足。比如,国际国别风险评级指南机构(ICRG)的腐败指数是最典型的、

---

① 胡鞍钢、过勇:《国际组织对各国腐败状况的评价体系概述》,载《政治学研究》2001年第4期。

基于专家调查基础之上的腐败评价指数,该指数仅收集由 ICRG 组织专家对本国官员在各种商业活动中收受贿赂的程度的评估意见。[1]

4. 政府清廉评价技术与方法解释话语是对评价指标设置、权重分配原则、数据处理技术、评价分析模型与工具的解释说明,是一个评价话语体系的科学性基础

在指标及各自权重关系处理上,要特别注意完整性、重要性、关联性与可比性相结合的原则。"评价指标应尽可能全面地反映政府廉洁行政各方面的因素,要使这一指标体系成为政府廉政建设、反腐败工作的操作标准,实现促进政府廉洁高效的目的。"[2]关联性是指选取的廉洁、反腐败的评价指标之间具有互相联系和互相制约关系,不能杂乱无章或者纵横向指标之间没有逻辑联系。可比性是指各评价指标所分配的权重具有相互比较的合理性,既不能简单平均,也不能畸轻畸重。

5. 政府清廉评价结果应用话语是对评价结果等级、意义及其提示或预警作用的规定

任何评价都希望引起关注,并对实践产生指导作用。政府清廉评价亦不例外。因此,为了让各国政府和民众简单明了地读懂政府清廉评价结果,每一个清廉评价指数都会有一套合理的评价结果分级和解释话语体系。比如,透明国际将评价结果区分为比较廉洁、轻微腐败、比较腐败、严重腐败四种,并在 2012 年将原有的十分制

---

[1] 徐静:《国内外腐败指数及其对比研究》,载《中国行政管理》2012 年第 5 期。
[2] 邹丽梅:《高校廉政文化建设评价指标体系构建研究》,东北林业大学 2012 年博士学位论文。

第一章
清廉评价的国际认知与中国愿景

改为百分制,以保证其结果符合评分值域要求;商业国际(Business International,BI)将评价结果区分为 10 个等级,等级越高表明腐败程度越低;ICRG 的腐败指数则将等级区分为 0—6 级。

可见,成熟的政府清廉评价话语体系大致有类似的结构模式,但不同清廉评价体系在具体的评价话语结构中又有不同的偏好和内涵设定。也就是说,政府清廉评价话语体系没有一致的价值理念、评价内容、评价过程、评价方法和评价结果应用取向。这就为各种清廉评价话语体系的特色构建和相互交流提供了可能。

评价话语权则是基于评价范式和评价结果对同类评价的影响能力,并由此向域外衍生影响的可能性。政府清廉评价话语权就是一种清廉评价行为及结果对其他类型的腐败测度产生影响的对比度,并基于这种比较优势而对被评价国的政治认同、经济环境乃至社会秩序等方面产生影响的能力。由语言体系转变上升为权力体系正是建构主义对语言、符号意义的设定,即通过语言体系的优势界定制度和社会秩序。[①] 比如,世界经济论坛、世界银行、欧洲复兴开发银行、商业国际等组织的清廉评价话语体系除了在国际腐败测度体系中有影响力之外,还对相关国家的商业与投资环境形成话语权;自由之家(Freedom House)的"转型中的国家"(NIT)的腐败指数、新民主指数、非洲治理指标,盖洛普的"人民之声"调查报告(VPS)等侧重在政治领域形成话语权;透明国际的清廉指数和行贿指数(Bribe Payers Index,BPI)则已形成一种具有综合影响力的话语权。美国等西方国家就常拿这样或那样由它们掌控的清廉评价数据在联合国、二十国集团、亚太经合组织等举行的会议等重要国际场合对其他国家提条件、加压力。清廉评价话语体系的合理性及其

---

① 〔美〕史蒂文·塞德曼:《有争议的知识——后现代时代的社会理论》,刘北成等译,中国人民大学出版社 2002 年版,第 142 页。

施评模式的科学性是该评价获得评价话语权的前提和基础,但评价话语体系与评价话语权并非一回事。评价话语权的获得除了取决于评价话语体系本身建构的科学性和合理性外,还依赖其评价行为的持续性和对评价结果的宣传推广。这是一个清廉评价理论与实践研究—评价话语体系构建—评价话语权不断提升转换的长期进路。

不过,任何国家的话语主权都是"国家话语权利和国家话语权力的统一体"[①]。话语权利是一种影响资格,而话语权力是一种影响能力。从理论上讲,任何话语体系对其他话语体系产生影响的资格是不成问题的,但话语体系间相互产生影响的能力则相差甚远。决定一种清廉评价话语体系能否拥有话语权、有多大的话语权的关键因素,还不是上面提到的话语本身的科学性+宣传推广的努力,而是基于这种评价话语体系形成的评价结果是否受到被评价国家(地区)的公众感知状况与政府自我改善状况的检验认同,亦即评价结果要与该国清廉实际状况高度耦合。否则,被评价国家(地区)政府和社会公众就会以"这听着就不对"的形式予以"屏蔽",使其难以充分发挥预期的话语权。

第二节
国际主要清廉评价体系与方法

国际上对腐败发生程度进行评估称为"腐败测度",腐败测度是指以科学的调查、统计方法量化评价一个国家或地区的腐败的严重

---

① 陈岳、丁章春:《国家话语权建构的双重面向》,载《国家行政学院学报》2016年第4期。

第一章
清廉评价的国际认知与中国愿景

性、危害性以及反腐败工作的成效。建立科学的腐败测度机制一直是反腐败理论研究与实践的重大课题。腐败测度方法主要有客观测度方法、主观测度方法和主客观综合测度法。

客观测度方法是通过腐败案的司法起诉数量、腐败造成的经济损失或新闻报道揭露的腐败问题等"硬"数据来测评腐败程度。有学者根据中国国情,将"三公经费"金额与比例、低质量的公共工程数量与比例、统计数据被浮夸虚报的比例、逃税案件数与金额、公共支出的偏斜程度等作为腐败的"替代变量"。

主观测度方法是通过调查人们对腐败现象的主观感知、察觉、印象、评价,以计算腐败水平,形成对一个地区、一个国家腐败状况的总体认识。20世纪90年代以来,许多国际组织致力于研究测度腐败的主观方法,如透明国际的清廉指数、行贿指数,世界银行的腐败控制指数,瑞士国际管理发展学院的非法支付、司法腐败、贿赂和回扣指数等。透明国际从1995年开始每年发布一次全球清廉指数。该指数涉及的国家(地区)样本数量较多,应用比较广泛,其覆盖面从1995年的41个国家扩大到2020年的180个国家(地区)。它是一种基于主观问卷调查得出的腐败测评排行榜,反映的是全球各国(地区)商人、学者及风险分析人员对世界各国(地区)腐败状况的观察和感受。世界银行的腐败控制指数把腐败放在一个更高层次的框架治理之中,对于与腐败控制指数有关的政策扭曲指数、司法可预见性指数、干部工资占制造业工人工资的比率、基于个人才干的招聘指数等每一个评价指标都进行标准化处理,数据主要来源于专家投票以及一些国际组织和非政府组织所作的跨国调查。主观测度方法的优点是能为人们提供各个国家(地区)腐败水平的总体数据,加强公众对于腐败问题的宏观了解。但这种方法的缺点是数据来源于主观判断,调查中难免存在系统性偏差。

主客观综合测度方法是综合采用主、客观测度方法各自优点进行腐败测度的方法。韩国的首尔市和我国台湾地区的台北市就是各有侧重地运用了主、客观测度方法来建构廉政评价指标体系。首尔市的"反腐败指数"同时包括"反腐败印象指数"(Anti-Corruption Perception Index,ACPI)和"反腐败努力指数"(Anti-Corruption Efforts Index,ACEI)。ACPI是主观的认知评价,包括对腐败感知程度等7个指标,其中大多数通过民意调查完成。ACEI是客观的统计数据,包括受到惩戒与没有受到惩戒的情况、政府解除管制的情况及媒介曝光情况,以政府有关部门反腐败努力的事实和统计数据为依据。台北市的廉政指数从投入、过程、产出以及影响等四个方面,共设计了14个一级指标、66个二级指标。其中,60个二级指标为基于客观数据的指标,6个二级指标为主观认知性指标。主客观综合测度方法有助于全面反映当地反腐败的实际状况,但是如何选择具有可操作性的主客观指标,并将两种不同属性的指数结合起来却是十分困难的事情。

第三节
国际清廉评价的漏洞与虚伪性

一、国际清廉评价的漏洞

1. 评价价值理念不纯正

清廉评价的价值毫无疑问应限定在清廉度的区分以及基于此形成的关于政府施政德性、合法性、廉洁性和效能性等有限目的的判断。但西方主导的清廉评价话语体系在价值设定上往往并不专

第一章
清廉评价的国际认知与中国愿景

注或止步于腐败度的测定,而是积极寻求清廉评价的衍生价值。如果将现有的国际清廉评价组织按属性进行分类,就会发现以企业、商人为主导的腐败调查报告,往往将清廉评价价值设定在国家商贸从业环境的分析;以银行、金融机构主导的清廉评价话语则重点关注腐败测定对金融风险分析的价值;而接受捐助的清廉评价组织往往会被捐助者的需要所影响,其评价目的就更为复杂,诸如政治民主性、制度优越性、国家竞争力等都会夹杂在其中。显然上述价值目标与腐败之间存在关联,但其关联的紧密性差异很大。国家间的腐败差异并不能解释那么多现象。比如,"世界价值观调查"(World Values Surveys, WVS)将腐败作为了解和解释一国公民价值观和政治制度的重要因素。的确,从公众感知角度看,有些行为在一些国家或地区公众看来是难以接受的腐败行为,但很可能在另一个国家或地区的公众看来却是可以接受的,这种判断差异与文化风俗的关系比与制度的关系可能更为紧密,因此,仅从一份腐败测度报告去说明制度、治理和竞争力等复杂因素的做法是不妥当的。

2. 评价内容和选取的元素相对"碎片化"

多数国际组织的清廉评价话语体系并没有在具有共识的清廉或腐败内涵基础上展开评价,而是根据自身的资源优势、专业领域和主观需要对其所有开展的腐败测度进行过于狭义或广义的解读,这就使得人们面对各种腐败或清廉指数时没有对话、比较的可能。现有二十余种有关清廉的评价几乎各有自己对腐败的界定,因此,不同指数间用来衡量清廉的元素差异很大,也难免使一个国家或地区在不同指数中的评价结果相距甚远。比如,国家俘获指数仅仅测度"个人、集团或企业为了谋取私利,通过影响法规和政府政策的制定,最终导致干部的违法或不透明行为的现象"①,这种评价就难以反映一个国家干部主动索贿而导致的腐败结果。而透明国际的行贿指数反映的是各国企业在国外行贿的意愿,以此来判断国家形象,这种评价难免受到以偏概全的质疑。《全球竞争力报告》(GCR)公布的腐败指数调查内容仅涉及许可证、税收以及贷款等方面的腐败状况。其他的如渎职指数、治理指标等,都是抓住与腐败相关的某一方面开展测度评价,并不能说明被测度国家或地区"以权谋私"现象方方面面的综合情况。

3. 评价过程的规范不够严谨

规范可信的评价过程是一个评价有高信度的保证。但现有的清廉评价不论是主观的、客观的或是主客观综合模式,都难以接受可逆性检验。以最具有影响的透明国际的清廉指数为例,其广受诟病的莫过于评价数据和样本来源的间接性。被誉为"民意中的民意"的清廉指数不是根据自主的原始调查数据编制统计指数,而是采用其他民调机构的调查报告加工合成的。其中的问题粗略归纳有三大类:一是使用的数据极为有限,缺乏科学性。例如,在2010年清廉指数所选的所有报告中样本数量最多的有13000份,而亚洲情报通信报告的调查样本仅为1750人,这样的调查规模却要对全世界各个国家或地区的腐败状况进行测评,显然缺乏科学性。② 二是采集的不同国家或地区清廉状况的数据标本量差异很大。比如,

---

① Joel S. Hellman, Geraint Jones, Daniel Kaufmann, & Mark Schankerman, Measuring Governance, Corruption, and State Capture: How Firms and Bureaucrats Shape the Business Environment in Transition Economies? Policy Research Working Paper, No. 2312, World Bank, 2000.

② 过勇、宋伟:《清廉指数的腐败测度方法与局限性》,载《经济社会体制比较》2013年第5期。

第一章
清廉评价的国际认知与中国愿景

2014年透明国际使用了13个国际调查报告的相关指标作为数据来源,多数国家或地区只有七八个来源,最少的有3个,多的有9个,数据来源相差如此之大对各国或地区评价报告来说是极不严肃的。三是数据来源质量参差不齐,不具有可比性。清廉指数选取的数据分别来自不同的报告机构、调查群体,各个机构间对标准的把握自然不同,专家、企业主和公众这三个主要报告群体对相关问题的看法差异很大,而清廉指数并未公布涉及这些群体的样本数量与规模,这就使得不同指标所反映的腐败状况的真实性易被质疑。

4. 评价技术和方法的选择不尽科学

这方面的漏洞主要体现在三个方面:

一是评价主体过多偏重企业家、商人,其调查对象的广泛性和深入性都有瑕疵,没有普遍的代表性。从公众感知视角看,参与评价的主体或调查对象的主要来源应该是一般公众,这符合人群的基本结构特点。但现有的评价体系中,《全球竞争力报告》《世界发展报告》、国家俘获指数以及商业国际、透明国际的调查来源主要是以商人为主;ICRG的"转型中的国家"(NIT)、世界银行的"国家政策和制度评估"(CPIA)以及经济学人智库(EIU)、世界市场研究中心的调查报告(WMRC)等,其腐败的主观衡量群体是专家;只有世界价值观调查(WVS)、国际犯罪被害调查(ICVS)、盖洛普的"人民之声"调查报告(VPS)等主要以公众为对象,但这样的受访公众也多数并非被评价国或地区的公众,他们对该国或地区实际清廉情况的了解,主要通过旅游、投资的观感,或者海内外新闻媒体的报道间接形成,容易出现误判而缺乏客观性。

二是评价标准宽严不一,评价得分的可靠性存在较大差异。突出的问题是被评价国家或地区的同一指标的得分并不是出自同一个报告或同一个组织,就好比同一篇作文由不同的老师来评阅一样,也许评阅依据都有道理,但评阅结果很可能完全不同。

三是评价计量方法也不完全经得起专业水准的推敲。比如,透明国际在2012年以前一直采用可能使评价结果超出统计阈值的十分制,此后调整为百分制,虽然解决了统计阈值问题,却又将指标统计权重作简单平均处理。正如被誉为"清廉指数之父"的兰斯多夫(J. Graf Lambsdorff)指出:"对所有资料都赋予相同的权重,可以满足可靠性和专业性的标准"[①],但采用平均处理的办法来提高指标间的公平性,恰恰忽略了不同清廉测度指标间应有的轻重差异,这无异于以形式公平掩盖事实不公平。

5. 对评价结果应用的把握不尽合理

由于多数评价征询的对象主要是专家和商业人士,以商界人士的民意调查和商业风险的分析为基础,而较少考虑普通民众对腐败现象的态度,也忽略了各国或地区政府反腐败的努力动态表现,因而这些评价结果更多的是出于满足商业投资避险的需要。这从相当一部分腐败指数是从属于发展报告、竞争力报告的一部分便可见一斑。尽管清廉建设有助于改善投资环境,但反腐败毕竟是一项长期的政治议程,致力于提高政府正义性和公众获得感才是其真正的初衷。同时,这种偏重于服务商人、商业和经济发展的清廉评价也容易受到商业组织的影响,使得类似的评价缺乏可信的现实基础。

二、国际清廉评价的虚伪性

国际清廉评价组织的评价话语体系所积累的话语权是客观存

---

① J. Graf Lambsdorff, *The Institutional Economics of Corruption and Reform: Theory, Evidence and Policy*, Cambridge University Press, 2009, p.45.

第一章
清廉评价的国际认知与中国愿景

在的。多数评价结果会引起学界和政界的关注,特别是被商业组织和商事咨询机构广泛引用。但客观存在的并不就是合理可靠的。因为基于如此饱受质疑的评价话语体系组织的清廉评价本身就应受到质疑,更何况这些清廉评价难以真实反映各国或地区清廉的公众感知状况与政府反腐败的努力状况,其话语权自然存在很大的虚伪性。

1. 国际清廉评价结果普遍隐喻西方制度与价值体系的优越性

深入分析国际主要清廉指数的结果,便可以发现有三个趋势值得推敲:一是政府清廉指数的高低与国家或地区是否实施西方"宪政民主"制度有较高的契合性;二是政府清廉指数的高低与国家或地区是否实施西方财政预算体制有较高的契合性;[①]三是政府清廉指数的高低与国家或地区发达程度有较高的契合性。以2015年透明国际公布的全球清廉指数排名为例,1—10名(含并列)分别为丹麦、芬兰、瑞典、新西兰、荷兰、挪威、瑞士、新加坡、加拿大、德国、卢森堡和英国,倒数1—9名(含并列)为索马里、朝鲜、阿富汗、苏丹、南苏丹、安哥拉、利比亚、伊拉克、委内瑞拉、几内亚比绍、海地。大凡秉持西方价值和文化传统的国家或地区都被评为较高等级,即比较清廉或存在轻微腐败;而其他国家或地区被评为较低等级,即腐败比较严重、极其腐败和最腐败。诚然,制度建设是防控腐败的基本保障,但基于社会复杂性和差异性的制度也应该是多样化的,那种将一国或地区的清廉状况与实施西方民主制度、预算透明和发展水平直接关联起来的做法,实际上就隐喻了西方制度和价值观的优越性。比如,咨询公司IHS旗下的国家风险评估(GI)并不以腐败调

[①] 郭剑鸣:《从预算公开走向政府清廉:反腐败制度建设的国际视野与启示》,载《政治学研究》2011年第2期。

查为主,而是综合政权稳定性、政策动向、国家合同变更、企业合同履行、贿赂与腐败、监管力度、罢工、恐怖主义、战争等诸多因素评价国家投资风险的机构。然而,透明国际却硬是将 GI 的数据拿来作为清廉评价的依据。2014 年中国的清廉指数正是因为 IHS 给中国差评而在一年内拉低 20 位。再如,原先被视为西方阵营的土耳其,在 2013 年大规模反政府示威后,也从 53 位跌至 64 位。而与此截然相对的是,缅甸"民主化"后,排名从 2011 年的 171 位跃升至 2014 年的 157 位;埃及在"阿拉伯之春"后,排名骤升 5 位。① 此类清廉评价刻意推销西方民主制度和价值观的目的昭然若揭,由此形成的评价话语权也理应受到质疑。

2. 国际清廉评价难以真实反映各国或地区清廉的公众感知状况与政府反腐败的努力状况

促进各国或地区反腐败行动与本国或本地政治制度形成良性互动,充分体现普通民众对政府清廉状况的真实感受,理应成为国际清廉评价话语权的根本支撑。然而,一方面,由于多数国际清廉评价组织的数据来源和调查对象不是以被调查国或地区民众为主,而是商业组织和商人居多,使得此类评价不可能听到真正的民意。最直观的经验表明,商人认为是好的投资环境很可能是普通民众反对的。因为,商人、商业组织最擅长的就是"利害计算","用钱搞定"最简单,然而这一行事规则恰恰就是滋生腐败的"温床"。比如,长期以来,发达国家控股的跨国公司为了在发展中国家迅速形成垄断而大肆行贿,辉瑞、葛兰素史克、朗讯、西门子等都曾在有关国家深陷行贿丑闻。只不过这些输入性的腐败往往都通过所谓的国际调

---

① 屠丽美、青木:《中国"清廉指数"是如何被评低的》,载《环球时报》2015 年 2 月 26 日。

第一章
清廉评价的国际认知与中国愿景

查机构和商人列举为发展中国家的腐败证据而已。在中国一些曾经过分强调 GDP 增长的地方，也有不少被商人认为是好的投资地，其背后却藏匿着不少有背公正清廉之举。比如，在江苏昆山，有 10 万台商及其家眷云集。昆山市政府曾公开宣称："来帮我们投资的是恩人，来投资我们的老板是亲人，能打开招商局面的是能人，影响投资环境的是罪人"，并专门为一些企业划定了"保护时段"不让执法机关去监督检查，以免"破坏发展环境"。① 可见，那种主要以商人的意见论清廉的评价是靠不住的。

另一方面，多数评价还将各国或地区反腐败机构努力挖掘和查处的过往案件，作为评价该国或地区当年腐败程度的基础数据，不仅反映不出各国或地区政府反腐败的努力程度，反而会形成负向激励。比如，中国自 2012 年以来逐步形成的反腐败高压态势所取得的反腐败努力成果有目共睹，却被国际清廉评价组织视而不见，甚至给予差评。② 如果不是中国有足够的理论自信、制度自信、道路自信和文化自信的定力，这种对民众感受和政府形象有明显误导性的评价，必定会对中国改革开放的内外部环境造成很大的影响。但事实是，中国按照自身的发展逻辑不断寻求高压反腐与体制机制自我完善之间的良性互动，这恰恰说明国际主要清廉评价组织给中国的差评是苍白无力的。

---

① 王克：《昆山爆炸曝政府招商黑幕 投资送人大代表名额》，载《中国经济周刊》2014 年 8 月 12 日。

② 2014 年，中国清廉指数评价的结果受到质疑后，"负责编订清廉指数的'透明国际'研究部主任芬·亨里希接受记者采访时承认，中国排名低，主要是一些专家和机构对中国某些领域的腐败调查评分下降。除了 WJP 和 GI，世界经济论坛的调查也显示，中国的腐败在增加"。这些增加的数值本来应该是反腐败努力的成果。参见屠丽美、青木：《中国"清廉指数"是如何被评低的》，载《环球时报》2015 年 2 月 26 日。

三、清廉评价应有的正义导向

正义的清廉评价要着眼于推动形成用多把尺子度量政府清廉的评价规范,在促进政府清廉建设与本国制度的自我完善有机结合上更具政治包容性和建设指导性。

开展政府廉政建设与评价的目标定位,在于推进国家治理体系与治理能力现代化,不在于比较不同制度的优劣,更不谋求通过清廉评价对别国施加政治改革的压力。清廉建设与评价是各国制度自我完善的有机部分,清廉评价与制度改革之间的弹性空间应由本国民众把握,而不是源自某种清廉评价话语权本身。否则,包括清廉评价在内的各种评价话语权就会成为霸权的一部分。由西方国家和国际组织主导的清廉评价话语权从价值标准到评价内容、评价过程、评价方式和评价结果各个环节都倾向于用西方廉政理念这样一把尺子去度量各国的清廉状况,这无异于通过清廉评价来鼓动各国践行西方政治制度,是落后的"冷战思维"的翻版。因此,中国要建设的清廉评价话语权当以尊重各国制度选择权为前提,不发出清廉建设之外的杂音,更不像西方一些国家和组织那样仅凭一个评价报告就在各种场合对他国提出政治、经济、文化和生态等方面的主张。

开展政府廉政建设与评价的功能定位,在于重点反映国家清廉自觉的努力状况,不谋求在同一时段、同一尺度给世界各国的清廉状况进行统一的排序,而是着眼于鼓励各国建立自己的清廉监控体系和评价机制,形成自己的清廉历史比较机制,勾画自己的清廉状况变化轨迹,寻找自己的清廉建设短板和破解策略。在此基础上,再来找制约全球清廉建设的共性因素,开展清廉评价交流与对话。因此,中国主张的清廉评价话语权是一种基于对话的权利与权力。

第四节
公众期许与政府自觉耦合:清廉评价的中国愿景

一、公众期许之廉:增加公众获得感

与多数国际清廉评价为商人、企业代言不同,中国清廉评价要道出的是民众对政府清廉状况的真实感受。标准就是看通过廉政建设的努力是否让民众享有更多的政治权利、得到更多的经济实惠,是否让民众拥有更公平的发展机会、法治保障以及更健康的生活环境,即是否增加了"公众获得感"。因此,中国的政府清廉建设要把正风肃纪与促进更好更快发展、给民众带来实惠有机结合起来,而不能将两者割裂孤立起来。党和政府自身纯洁的需要与公众追求公平公正的发展机会共同构筑起清廉建设的动力与推力,政府部门与广大公众在廉政建设中不是一对矛盾体。虽然党和政府自主的反腐败制度安排是最基本的,但它起到的效果最终还要由公众说了算,并需要根据公众的意见,对反腐败制度、方式和重点领域进行调整。政府清廉与否的评价权只能老老实实交给本国公众。中国对在任官员严格执行向本单位工作人员公开述德、述职、述廉的年度考评制度,自觉接受最直接的管理和服务对象的作风、廉纪拷问;不少地方对整体的工作部门开展了富有特色的问廉机制创新,如"公述民评""我们圆桌会""黄金眼""民情观察室"等,充分调动当地民众和新媒体探察一级政府和部门的政绩、廉绩;卓有成效的巡视制度也主要是眼睛向下的纠风查腐机制。正所谓"鞋子合不合脚自己穿着才知道",评价一国的廉政制度、廉政实践和廉政成效,本国公众最有发言权。因为,公众对政府清廉与否的感知评价就像一

架发现腐败的"预警机",公众对腐败的感知最能揭示什么样的腐败、什么人的腐败、什么层次的腐败、什么腐败行为最让他们痛恨,最需要遏制,最需要先行遏制。公众的感知也最能给出什么样的机制、方式才是最有反腐败效果的。舍此,政府清廉建设与评价都有可能表面化、功利化和程序化,失去清廉建设与评价本身的正义价值。

"公众获得感"是一个普遍性的概念,这意味着政府清廉建设惠及的是普遍的公众,而不是少数群体。因此,清廉评价不能简单出自少数专家,也不能出自特定的商业组织和商人,这有利于避免政府清廉评价过程为少数组织和群体操纵。因为,特定群体认可的清廉、特定群体认为有获得感的清廉往往对其他利益相关方是不公平、不便利的,不具有普遍性,而只会是排他性的。只有广泛而不分群体、地域、界别的公众感知到的清廉获得感,才能保障更广泛利益相关方的发展机会和发展预期。因此,政府清廉评价不能以某个行业报告为依据。清廉评价既不是单纯的政治建设手段,也不是讨好某些群体、服务某些利益集团的工具,而是国家治理体系与治理能力现代化战略的有机体系。

国际清廉评价组织及其所依托的调查机构所秉持的西方标准的"法治""公开""透明"和"预算控制"等准则是在西方国家长期发展中建构起来的治理体系的一部分,这些元素是否适合用来指导世界其他处于不同发展阶段的国家的清廉建设与评价,值得商榷。毋庸讳言,西方许多高清廉的国家照章办事的规矩意识很强,是值得我们学习的地方,但西方那一套清廉评价话语体系并没有鞭策、引导出真正让民众满意的政府来,反而鼓励了一味追求胜选的消极"保廉"行为,令他们长期羁绊在官僚主义和低速甚至负增长的困境之中。所以,即便经过西方法治的度量、大牌商业机构的评估、知名

第一章
清廉评价的国际认知与中国愿景

专家的调查和跨国集团认可,有着光鲜清廉数据支撑的不少西方国家的政府也并未赢得西方民众的喜爱。所以,政府清廉建设与评价既要同官僚主义说"拜拜",也要与企业家作适当的切割,不能被某些利益团体牵着鼻子走。

公众在正风反腐中的获得感是一个全面性概念,这意味着政府的清廉建设不能受一时、一事、一地利益的变化而动摇,避免政府清廉评价话语权受局部利益调整的干扰。因为,公众获得感是全方位的。从领域维度看,有政治、经济、文化、社会生活、环境等;从属性维度看,有精神、物质、机会、社会地位等;从度量维度看,有从无到有、由少变多等;从阶层人群维度看,有既得利益团体、弱势群体、城镇居民、乡村居民、不同收入阶层等。所以,这种获得感不是固定、单一的,而是综合全面的。

在深化廉政建设的过程中,公众的获得感难免有时在某一类型上减少了或相对以往不那么明显了,但另一些类型明显增加了;一些原来不应有的福利裁撤了,而另一些公平的机会更加有保障了;某一人群感觉少了点什么,但另一阶层的人感觉获得多了许多。但不论何时、何事和何地,民生实务都是民众获得感的最重要来源。因此,建立基于增加公众获得感的政府清廉建设与评价必须将民生实务一线领域的廉政工作作为重点,以"踏石留印、抓铁有痕"的务实精神,重点评估公众经常要找政府办的"难事"中是否有腐败现象,重点评估政府清廉建设是否让公众办事更加便利、是否增加了公众的发展机会、是否让公众有更多公平和公正的保障,将廉政评价与公众希望做的"难事办好""好事办实"有机结合起来,让公众在廉政建设中得到更多的民生实惠。因为,没有哪个人会撇开发展来讨论单纯的廉政。正如贫穷不是社会主义,那种为简单保廉而缩手缩脚、到点下班,不及时回应民众现实需要的清廉建设也不是正义之廉。将推进国家治理体系、能力现代化与可持续地保障公民过上体面生活融为一体,鞭策公职人员既要做到清廉,又要做到有为,促使国家在保持中高速经济社会发展中实现比较清廉和稳定的政治格局,这才是中国廉政建设与评价需要的结果,也是全面、长效地保障公众获得感之要义所在。基于此的中国清廉评价话语权才会有更坚实的正义基础。

当然,要让公众在正风反腐中有越来越多的获得感,需要持续创新工作的努力,特别要从整体性治理的高度推进反腐倡廉工作。这不是直接从事正风反腐工作那几个部门所能完全做到的,也不是单靠正风反腐一项工作所能做到的。如果我们把正风反腐看作"刮骨疗毒",那也需要与后期的"换药滋补"密切配合。正风反腐把过去没有合法性的潜规则革除了,就需要及时建立新规来规范公务流程,不能简单地停摆,否则,政企、政社、政民各方都会有不知所措之感。比如,访谈调查中,不少民众反映"办事缺钱"与"财政趴窝"现象并存,就与预算、会计核算方式的多变性有密切关系。另外,"庸政""懒政""怠政"现象在深化反腐后也有隐形增加的趋势,这也需要创新干部的考核、监督、维护和薪酬体系,否则,公众就会有"办事难"的担忧。

总之,让公众有更多的获得感,关键还是要让公众对反腐败的感知评价有渠道反映出来,因为,公众对腐败的感知最能揭示什么样的腐败、什么人的腐败、什么层次的腐败、什么腐败行为最让他们痛恨,最需要遏制,最需要先行遏制。公众的感知也最能给出什么样的机制、方式才是最有反腐败效果的。如果能挖掘并发挥公众感知鞭策反腐败的力量,廉政建设一定会更顺利地推进。从这个意义上说,政府自主的反腐败与公众感知鞭策反腐败是有效反腐败的一体两面。一句话,既然要讲公众的获得感,就必须从公众感受中"分

第一章
清廉评价的国际认知与中国愿景

娩"而来,需要真实、扎实的调查计量,而不能只是理论推论。这正是我们做政府廉洁反腐败的公众感知评价报告的初衷——让确切的事实来确证党的十八大以来公众在正风反腐中获得感的提升。

二、政府自觉之廉:对腐败"零容忍"

1. 中国对腐败"零容忍"的清廉评价理念不局限于评价制度边界内的行为是否清廉,还包括评价和约束可能影响干净干事的不良社会习俗行为

在西方"法治"概念下的腐败与清廉的区分是以法与制度规定为边界的,但由于法与制度的制定是由政党政治控制的,其可以通过制度和法律抑制腐败,也可以修改法律和制度将一些明显会影响公权力运行的做法藏纳其中。比如,对西方政治生活影响最大的莫过于"金钱选举",但西方国家在法律和制度安排下却可以容忍所谓的"政治献金",美国甚至在2010年取消了个人对联邦候选人及政党参与竞选活动的捐款总额限制。这意味着,美国富人从此可以随心所欲地向自己支持的政客捐款。修改法律可以接受这种最公开的行贿,但保证不了受资助上台的政府不向资助者输送利益。正如美国《旗帜周刊》高级编辑克里斯托弗·考德威尔(Christopher Caldwell)指出的,"美国的政治早已被华尔街寡头牢牢绑住"[1]。在中国的廉政评价理念中,不仅在法律与制度内不容忍腐败,还将抑制腐败的高压传导到非制度范畴的作风和社会风气层面,是一种追求从源头上保障清廉的评价与预防理念。比如,在西方预算制度控制下,"精明的政府管理人员会把每一个明细分类项目中的每一分

---

[1] 国纪平:《扭曲的民主结不出好果子》,载《人民日报》2013年2月1日。

钱都花掉,不管他们是否需要"①。按照西方的廉政评价观念,这样的浪费之举是不会影响清廉得分的。但在中国则除了符合预算要求外,还要接受节俭作风的审查,可以说是对清廉的"双保险"。因此,西方那种盲信"程序万能"和"只要制度好,谁上台都无所谓"的清廉评价理念充其量是一种对清廉的有限追求,不具有先进性。

2. 中国对腐败"零容忍"的清廉评价理念不局限于评价"在任官员"群体是否清廉,还包括评价和约束可能影响"在任官员"权力使用的近亲属行为

众所周知,"腐败是以权谋私",现代政治体系一般都会约束在任(或离任一定时间内的)官员经商办企业,防止利益输送。但中国的廉政追求并不止步于此,它还要约束县级及以上在任官员的家属经商办企业行为,并对一定岗位的"裸官"现象予以排除。相比之下,西方一些国家的总统、州长等重要公职人员本人就是商人,即便他们任职后申明将生意交与亲人打理,但至少也是对重要公职人员近亲属经商的制度性容忍,多少还预留了公权力外溢的空间。

3. 中国对腐败"零容忍"的清廉评价范围不局限于"公权力消费"领域

单纯的"公权力消费"恰当与否可以用法律和制度去评判和纠责,但是对私人消费的正当性除了接受法律和制度审查之外,还需要更多地接受公德和良俗的拷问。中国是礼仪之邦,有悠久的德治传统。唐朝时期有个有名的"四善二十七最"的官员考评办法,其中

---

① 〔美〕戴维·奥斯本、特德·盖布勒:《改革政府——企业精神如何改革着公营部门》,上海市政协编译组、东方编译所编译,上海译文出版社1996年版,第99页。

"德义有闻"便是首要之善。进入现代国家后,中国一直施用法治与德治相得益彰的治理方略,强调"法律是准绳"与"道德是基石"的统一。因此,中国对干部行为的清廉评价不仅仅局限在权力运用环节,还延伸拓展到家风是否淳朴、邻里关系是否和睦和消费有无淫奢等内容。正如习近平总书记要求的,"领导干部要把家风建设摆在重要位置,廉洁修身、廉洁齐家"①。也就是说,政府清廉评价的中国话语体系是要把一切可能影响公权力运行的元素囊括其中,不留廉政评价的"死角"。

第五节
廉能耦合:中国清廉评价与建设的科学进路

"廉能耦合"的清廉评价体系是强调"廉而保能",而非消极保廉。中国的廉政评价要以清廉准则为规约、以公务人员积极作为和努力奉献为基础展开。司马光曾指出:"才者,德之资也;德者,才之帅也。"如果将"德""才"关系比作"廉""能"关系,这样的寓意也是恰当的。也就是说,任何公务人员的才干政绩都要符合廉政的规范,但积极作为、勇于奉献是评价公务人员廉政与否的基础,对一个没有任何作为的公务人员讨论其廉政问题是没有意义的。表面上看,"慵懒散"式的不作为不符合传统意义的"以权谋私"腐败,但其实质仍然是不给好处就不办事现象的翻版。李克强总理曾明确指

---

① 《习近平在第十八届中央纪律检查委员会第六次全体会议上的讲话》,http://cpc.people.com.cn/n1/2017/0823/c64094-29489862.html,2020年6月10日访问。

廉能激励相容
新时代清廉评价与建设探索

出,庸政、懒政同样是腐败,[①]或者说是"消极腐败"。比如,精神萎靡的"瞌睡式"作为、推诿扯皮的"太极式"作为、文山会海的"传话式"作为、出工不出力的"磨洋工式"作为等,都统统归于"腐败"之列。正是在"干净"与"干事"、"廉政"与"能政"相统一的清廉评价话语体系和制度环境中,中国干部形成了比较常见的"五加二""白加黑"工作模式,他们对所辖地域、分管行业所尽的管理和服务责任近乎无限的担当,引领和助推着国家建设取得了长足的进步。这是西方不能辨证处理"廉""能"关系的廉政评价话语体系所难以比拟的。

"廉能耦合"的清廉评价体系必须将"能政"坐实在廉政的基础上,防止"能人腐败"现象。著名经济学家布坎南(James M. Buchanan)早就揭示过西方国家采取不计金融风险而大肆举债的方式来保住廉价政府的"牌坊"的做法。他说:"政府利用有效的债务财政手段,使选民要求扩大服务事业和降低税率的愿望得到满足",既维持了政府高额预算和干部高薪酬,又使他们的政府符合法律法规上的"廉价政府",实际上是一种"赤字的民主"。[②] 比如,最近30年来几乎没有哪个西方国家会遵守它们自己确定的赤字率不超过3%、负债率不超过60%的"双红线"。而中国对公职人员队伍的清廉建设与评价都是从相对的低薪酬开始的。特别是改革开放以来,中国的经济社会迅速发展,综合国力和民众生活水平取得了举世瞩目的提升,这些成就的取得与中国公职人员的大胆改革、无私奉献

---

① 资料来源:http://finance.sina.com.cn/china/20140717/090919728566.shtml,2020年6月10日访问。
② 〔美〕詹姆斯·M.布坎南:《自由、市场和国家——20世纪80年代的政治经济学》,吴良健等译,北京经济学院出版社1989年版,第217页。

第一章
清廉评价的国际认知与中国愿景

是分不开的。但中国现今的干部薪酬水平仍然是偏低的。① 如果拿中国同等级的干部与西方任何一个清廉度排名靠前的国家干部进行薪酬比较，不论是绝对数还是与本国其他行业比较的相对数，中国干部的薪酬都要低得多。不少清廉指数排名靠前的国家，一旦政府触及公务预算紧缩、公职人员退休金和薪酬调减的话题，公众就会群起而反对，甚至集会、游行、罢工。换句话说，他们是通过提升制度性硬成本来实现对干部贪腐行为的抑制，在相对较高薪酬的基础上来保障和评价其清廉行为的。如果将公职人员的薪酬、承担的责任和公共服务绩效考核等因素综合起来放到政府清廉评价体系中，各国的清廉排名很可能就是另外一种景象。相比之下，中国要在相对低薪酬、高奉献的约束下，实现高增长和低腐败要难得多，这种不依赖制度性成本提升，而是综合运用制度约束和非制度约束（历史文化、政党动员、意识形态宣传）的合力，或许是更多发展中国家需要的路径选择，因而更具有推广意义。

"廉能耦合"清廉评价理念符合党和政府的廉政价值观以及公众对廉政的通俗理解。作为一种国家和政府的声誉，政府清廉度应该"在外部公众的理解和评估中实现价值"②。政府清廉评价的生命力在于公众有需要、看得懂，在于政府有要求、做得到，拥有公众与政府共同认可的评价信度和效度。因此，中国清廉评价指标不能囿于西方法治、"宪政"和预算框架内的狭隘清廉观，而要综合中国优良的道德传承、现行的反腐败法律制度和中国共产党的纪律规定等多方面的要求。比如，将"廉政"与"能政"结合起来进行评价，将风

---

① 王郑丰、李金珊、陈小红：《公务员薪酬水平与腐败程度的实证研究》，载《学术论坛》2013年第8期。
② 林民旺：《国家声誉的塑造与变迁：一个分析框架》，载《外交评论》2013年第6期。

廉能激励相容
新时代清廉评价与建设探索

俗语境下的"廉政"与法制语境下的"廉政"、官员个人是否清廉与下属亲属是否廉洁、公务消费是否廉洁与个人消费是否节俭等纳入廉政评价的框架。因为,中国所处的发展阶段与西方不同,中国公民成长的传统文化和现实政治文化环境也与西方有别,中西方公民对清廉的内涵认知和外延界定都会有所差异。[①] 比如,西方人主要秉承程序清廉观,比较重视行为程序上符合清廉的制度规定,至于这种行为能给公众带来什么不在清廉考核的范畴;而中国老百姓更多关注清廉的作为能否给他们带来实惠,否则,程序清廉的行为也不一定会被他们感知评价为清廉。因此,中国的清廉评价话语除了要评价政府行为程序的公正性之外,还要更有亲民感,表达公众在政府清廉评价中所期待的实际利益的获得感。

"廉能耦合"清廉评价内容完整地反映了清廉建设过程的内在逻辑,又将其坐实到公众与公职人员互动的关系中,使清廉评价内容符合政府为民服务的实践。特别是如何将党的十八大后各地开展的反腐败制度和实践创新的成果反映到清廉评价的话语中来,是建构中国清廉评价话语体系和话语权的重要议题。科学的办法就是按照廉政推进的过程逻辑,从"制度—行为—结果"三个层面进行逐项归纳,建立由制度完备性、程序公正性、业务规范性、行为正义性、作风正派率、文化清明度、结果公平度、成效显著度等指标构成的评价话语体系。但每一项评价指标如果用西方的清廉评价理念和内涵来阐释和衡量的话,难以对接公众与政府互动关系的现实,反映不出公众对清廉状况的感受。比如,评价一个地方政府的作风

---

① 中国不同地区的公众对腐败的容忍度也有很大差异,这种差异对地区清廉的测度构成了明显的影响。参见倪星、孙宗锋:《政府反腐败力度与公众清廉感知:差异及解释——基于G省的实证分析》,载《政治学研究》2015年第1期。

第一章
清廉评价的国际认知与中国愿景

正派情况,在西方的政治语义和清廉评价指标中是找不到的,而中国民众对政府公职人员的作风问题却很重视,而且有丰富的语义。公众通常会用"政府大楼的豪华程度""大吃大喝现象""游山玩水""婚外情""子女上学走后门"等便于观察的现象来形成对政府清廉的感知印象。因此,清廉评价内容越是贴近公众与政府公职人员互动关系的现实生活,就越有信度和效度。

"廉能耦合"清廉评价结果有利于鞭策政府清廉自觉、积极履职与提高公众对政府清廉的满意度结合起来。一个好的清廉评价不是简单地对一个时期的政府清廉状况说"是"或"不",而是要反映政府清廉建设的逻辑轨迹和趋势,要督促公职人员在严守清廉底线的基础上积极作为,要引导公众形成对清廉建设的长期性和持续性的认知。因此,清廉评价的重点不是给各个对象列队排序,而是给每一个对象的清廉建设的过去、现在和将来画曲线,既鞭策政府清廉自觉、担当有为,又通过让公众看到廉政建设带来的社会发展机会与实惠提振公众对政府清廉努力的信心。

第二章
"廉能耦合":问题的提出与理论基础

第一节
"能人腐败"与"为官不为"的"跷跷板"现象

党的十八大以来,中央对各地区、各部门已开展制度化、常态化的巡视工作。"翻开巡视清单,工程建设、土地出让、矿产开发、国有企业、政府采购、科研经费、民生资金等领域的腐败问题,几乎涉及所有被巡视地方和单位,堪称当前腐败问题的'高发区''重灾区'。由于权力过于集中而又缺乏有效的约束机制,党政部门、企事业单位'一把手'频频涉及违纪违法问题,这是中央巡视发现的突出问题。'书记''市长'或利用手中大权设租寻租谋取私利,或借职务之便非法侵占国有资产,或在干部选拔任用中受贿卖官,与一般的腐败案件相比,往往性质更恶劣"①。强政绩与晋升竞赛在市场经济条件和干部考评机制综合作用下无缝连接,干部群体中的"能人"边腐边升,事态不容小觑。"能人腐败"这一现象几乎伴随着中国经济快速增长的全周期。邓崧等通过对2009—2015年50个中国省部级官员腐败案件的研究,发现多数腐败的官员都曾被视为"能人"。②对此类现象发生的原因,周黎安建构过一个从政绩评价管理的扭曲

---

① 张灵霞:《盘点2014中央巡视整改热词》,载《先锋队》2014年第34期。
② 邓崧、李目文:《中国省部级官员腐败问题研究——以2009—2015年50个案件为例》,载《北京航空航天大学学报(社会科学版)》2017年第1期。

性、官员晋升竞赛与地方政府竞争的恶性强化的分析框架;[①]任建明从改革行政审批、政府政绩管理的人治化等视角提出了应策;[②]金太军从交换资源、信息等角度为分析和防治"能人腐败"提供了一个更为微观和可操作的模式;[③]肖汉宇等从政绩评价体系、人治和有民众支持"腐败的能人"等方面分析了"能人腐败"的成因及其防治策略;[④]倪星等通过实证分析,认为腐败容忍度会影响公众的反腐败工作满意度,强调了建立健康的公民廉政文化的重要性。[⑤]

"为官不为"意指官员在其位,不谋其政,难以高效履行其职责,是一种隐蔽性很强的消极履职行为。"为官不为"自古以来就是行政系统的顽疾。党的十八大之后,中央严厉整肃党风政纪,强力推进反腐,党内逐步优化各项限权问责管理措施,出台并实施反"四风"细则、"八项规定"等。基于此,党政各机关工作作风明显改善,干部腐败问题治理成效显著,党风廉政建设和反腐工作取得显著成效。[⑥]但是,以负激励为主的反腐工作令党政系统的政治生态发生微妙的变化,部分领导干部面对反腐的高压态势,自身产生消极心态,较少且被动地承担责任,安于现状,廉而不勤,行政机关懒政怠政风气浓厚,严重制约政府日常工作,致使公众感知评价政府信任

---

① 参见周黎安:《转型中的地方政府官员激励与治理》,格致出版社、上海人民出版社2008年版。
② 任建明:《消极腐败的危险是最根本的危险》,载《学习时报》2011年7月18日第5版。
③ 金太军、袁建军:《政府与企业的交换模式及其演变规律——观察腐败深层机制的微观视角》,载《中国社会科学》2011年第1期。
④ 肖汉宇、公婷:《腐败研究中的若干理论问题——基于2009～2013年526篇SSCI文献的综述》,载《经济社会体制比较》2016年第2期。
⑤ 倪星、孙宗锋:《政府反腐败力度与公众清廉感知:差异及解释——基于G省的实证分析》,载《政治学研究》2015年第1期。
⑥ 石学峰:《从严治党实践中的领导干部"为官不为"问题及其规制》,载《云南社会科学》2015年第2期。

第二章
"廉能耦合"：问题的提出与理论基础

度一再低迷。① 这说明随着高压反腐和作风建设的纵深推进，中国干部的纪律性和廉洁度明显提升，但同时也暗生了"为官不为"这一新腐败现象。2015 年 4 月《人民论坛》的调查报告显示，71.7%的调查对象表示自己在与干部打交道办事时经常有"为官不为"的切身体验。"为官不为"现象更多地发生在"县级部门"（47.1%），其次是"乡镇部门"（23.5%）。② 可见，"为官不为"之庸政现象存在一定的普遍性。

通过知网检索结果发现，1992—2012 年总共仅有 5 篇文献讨论"为官不为"问题，而 2014—2016 年分别增加到 89 篇、198 篇和 160 篇，这似乎印证了反腐败高压态势下"为官不为"现象多发的事实。对此，2015 年 12 月，由浙江省行政管理学会牵头，相关行政管理学会联合举办了专门的"建设法治政府与治理为官不为"理论研讨会。另外，《中国行政管理》杂志 2016 年第 1 期刊发了治理"为官不为"系列文章。廖玲娜等认为，新常态下之所以会出现"在岗不在状态，在位不在谋事"的"为官不为"问题，表面上是作风问题，深层次则是党性观念缺失、既得利益羁绊和干部权责机制不健全等多种因素共同作用的现实反映。③ 周艳宁提出"能人腐败"现象的发生，究其根源主要是个别领导干部思想观念蜕化，经不起金钱和利益的诱惑，出现权力寻租、权钱交易、权力私化等腐败现象。④ 杨曼认为干部"为官不为"现象的产生，由干部自身主观方面和客观现实两部分原

---

① 郭剑鸣、汤彪、俞薇楠：《政府信任视角下的公众感知评价研究进展与趋势》，载《财经论丛》2018 年第 8 期。
② 《部分官员不作为真实原因调查分析报告》，http://theory.rmlt.com.cn/2015/0519/387374.shtml，2020 年 6 月 20 日访问。
③ 廖玲娜、黄再胜：《刍议新常态下"为官不为"的危害、成因与治理》，载《中共青岛市委党校、青岛行政学院学报》2015 年第 3 期。
④ 周艳宁：《风险社会理论视阈下当代中国"能人腐败"原因、危害及治理对策探析》，载《传承》2016 年第 11 期。

廉能激励相容
新时代清廉评价与建设探索

因构成。① 于瑾针对干部懒政怠政、为官不为的现象提出了几点成因分析：一是体制机制不够活；二是干部思想导向不正确；三是舆论环境不够优；四是监督问责不够严。② 丁元竹提出建立专业的官员队伍新标准，打通从"为官不为"到"做官有为"的通道。③ 吴江认为，治理"为官不为"要从强化政府绩效管理的价值和法制化角度改善干部考核。④ 许耀桐主张要维护和激发干部敢于担当、干事创业的动力。⑤ 刘重春提出建立合理的报酬体系是关键之策。⑥ 梅立润⑦、刘宁宁等⑧分别从解决"不敢为"、容忍"不可避免之错"角度，提出建立"容错机制"，消除干部勇于干事的后顾之忧。何丽君从营造崇尚改革的政治生态等方面提出了有利于培育"改革促进派"的机制，认为政府绩效管理制度不健全是"为官不为"的一个重要原因，加强政府绩效管理、完善政府绩效管理制度是治理"为官不为"的重要举措。⑨

"廉能耦合"是新时代中国干部履职的应然性要求，"廉政"与

---

① 杨曼：《习近平新时代中国特色社会主义思想的人民情怀特点研究》，载《前进》2018年第6期。
② 于瑾：《懒政怠政、为官不为的典型病象与治理对策》，载《领导科学》2017年第25期。
③ 丁元竹：《领导干部心态变化与心理调适》，载《中国党政干部论坛》2015年第5期。
④ 吴江：《为官不为与绩效管理法制化》，载《中国行政管理》2016年第1期。
⑤ 许耀桐：《治理为官不为、懒政怠政问题刍议》，载《中共福建省委党校学报》2015年第10期。
⑥ 刘重春：《"为官不为"成因及治理：基于等报酬原理》，载《中国行政管理》2016年第1期。
⑦ 梅立润：《容错机制为何达不到预期效果：一个整体分析框架》，载《甘肃行政学院学报》2019年第1期。
⑧ 刘宁宁、郝桂荣：《新常态下如何科学构建容错机制》，载《人民论坛》2016年第11期。
⑨ 何丽君：《"为官不为"的现状、原由及其治理对策》，载《红旗文稿》2015年第13期。

第二章
"廉能耦合"：问题的提出与理论基础

"能政"关系是辩证统一的。"廉政"是"能政"的前提，"能政"是"廉政"的重要途径，只有把"廉政"和"能政"同时抓，才能真正实现"善政"。单纯对干部进行"能政"激励，容易使干部逾越权力法定规范和道德底线，不顾"廉政"操守，易致"能人腐败"。而单纯的"廉政"约束，或者说惩治性激励又易生"为官不为"、避责保廉等消极行为。对中国多数地区而言，这种激励错配的做法正高速繁殖着"廉而不能""能而不廉""不廉不能"。党的十九大报告指出，要坚持严管和厚爱相加、激励和约束并重，完善干部考核评价机制。[①] 究其根源，就是要构筑促进干部"廉政"与"能政"激励相容的制度保障，为实现"两个一百年"的奋斗目标打造一支"廉能耦合"的干部队伍。

第二节
干部"廉政"与"能政"的可耦合性

一、干部"廉能耦合"的内涵

对于"廉能耦合"一词，目前为止国内外学术界还没有较为成熟的探讨，在"文山书海"中寻觅亦没有严格意义的概念界定。从字面来看，"廉能耦合"由"廉能"和"耦合"两词合成。就"耦合"而论，如两个单摆连在一个弹簧上，外力作用于其中一个单摆，另一个单摆随后也会震动，这种作用就是单摆耦合；由两个或两个以上的电路组成的电路组中，其中一个电路板的电流或电压发生变化时，其他电路板中的电流或电压亦会发生相应的变化，这种是属于电路耦

---

① 李劲峰等：《十九大报告透露的八大改革着力点》，http://www.xinhuanet.com/politics/19cpcnc/2017-10/22/c_1121838914.htm，2020 年 6 月 20 日访问。

廉能激励相容
新时代清廉评价与建设探索

合;在化学反应中,两个或两个以上的化学反应联合后,只要其中一种化学势大于零,则相应地会带动其他化学势小于零,从而发生耦合反应。根据多要素之间相互影响的结果可以把耦合分为良性耦合和恶性耦合,良性耦合表达的是两个及两个以上的要素在相互影响后能彼此促进;恶性耦合则与之相反,是指两个及两个以上系统或要素在相互作用后彼此抑制,难为对方提供进路。很多研究也将"高水平耦合"代指良性耦合,将"低水平耦合"代指恶性耦合。恩格斯曾指出:"一个伟大的基本思想,即认为世界不是既成事物的集合体,而是过程的集合体"[①]。从这个层面讲,耦合就是由两个及两个以上复杂系统的"集合体"。

根据中国现行的干部考评机制,党和政府对干部的履职要求可细分为"德、能、勤、绩、廉"五大方面,本书所指之"能政"是广义之"能",包括现行干部考核要素中的"能""勤"和"绩",而"廉政"则是其中"德""廉"的统一。中国最早提及"廉政"的是《晏子春秋·问下四》:"景公问晏子曰:'廉政而长久,其行何也?'晏子对曰:'其行水也。美哉水乎清清,其浊无不雩途,其清无不洒除,是以长久也。'"[②]晏子将"廉"比作水,源远而长久。《官箴》中说"吏不畏吾严而畏吾廉,民不服吾能而服吾公;公则民不敢慢,廉则吏不敢欺;公生明,廉生威",其中也内含"颂廉"的意味。"能政"一词在国外更多的是表现为干部行为的积极高效,而在中国,根据《宋史·陈若拙传》,"以能政,就改太常丞,迁监察御史,充盐铁判官"[③],"能政"就是指官员善政并为百姓勤于奉献。自2006年1月1日起实施的《中华人民共和国公务员法》(以下简称《公务员法》)对中国干部履

[①] 《马克思恩格斯选集》第4卷,人民出版社2012年版,第250页。
[②] 许文畅译注:《晏子春秋》,长春出版社2016年版。
[③] 陈振:《宋史》,上海出版社2016年版。

第二章
"廉能耦合"：问题的提出与理论基础

职义务作了规定，其中干部对"能政"的确定就包括了业务知识扎实、工作能力较强以及工作勤恳等方面。

基于此，本书将"廉能耦合"的概念界定为干部考评系统中"廉政"与"能政"两个要素彼此间由于相互演变、相互影响，而产生互相促进或彼此抑制的作用，并最终联结起来的政治现象。"廉能耦合"的特质在于"廉政""能政"共同演化和相互均衡。"廉能耦合"的结果可分为两种：廉能耦合，即干部"廉能"高度耦合或良性耦合；廉而不能、能而不廉、非能非廉，即干部"廉能"低度耦合或恶性耦合。

二、干部"廉能耦合"的应然性与可能性

如前所述，本书所指之"能政"包括现行干部考核要素中的"能""勤"和"绩"，而"廉政"则是指"德""廉"的统一。中国历史上就常用"能臣"和"廉吏"来为文武官员树标杆。但是，历史和现实中能将"能臣"和"廉吏"集于一身的人相对较少，而"能人腐败"与"为官不为"的"跷跷板"现象似乎更为多见。这就提出了干部考核评价机制设计中一个需要深究的命题：干部"廉政"与"能政"的可耦合性问题。然而，干部"廉政"与"能政"的内在规定性是否可以耦合？如果答案是肯定的，那么这种耦合性是否同时兼容排斥性？如果答案是肯定的，那么需要怎样的耦合机制（耦合器）才能最大限度地管控排斥性，以确保耦合性？

要全面把握干部"廉政"与"能政"的耦合性问题，自然需要从耦合理论（coupling theory）的内在规定性入手。耦合理论最初来源于物理学、电力技术、地质学等自然科学领域，主要研究多个系统之间或者系统内诸要素之间，通过相互作用、相互影响，彼此间产生相互促进或者制约的现象和规律。如果系统之间相关联的要素存在相互依存、相互促进的正外部性影响，说明两者是良性耦合关系，发生

廉能激励相容
新时代清廉评价与建设探索

良性循环运动;反之,如果相关联的要素产生相互制约、相互摩擦的负外部性关系,就是恶性耦合,发生恶性循环运动。当然,相关联的要素之间并不仅仅存在单向度的良性或恶性耦合关系,而可能是混合耦合关系,这时就需要对要素的关系进行管理或干预。比如,对自然器物如汽车加装耦合器,汽车就可以前进和后退。在社会关系要素的管理中则可以通过机制安排,调节相关要素按照管理意图发生耦合关系。罗伊(Suryadipta Roy)[1]、霍奇(Andrew Hodge)等[2]就曾研究过制度变迁促使腐败、劳动、经济增长之间发生的正负向耦合关系。

干部"廉政"与"能政"要求就好比干部考评系统中的两个关联要素,在本质上是可以发生良性耦合的,这一点毋庸置疑。司马光有句名言:"才者,德之资也;德者,才之帅也。"如果将"德""才"关系比作"廉""能"关系,这样的寓意也是恰当的。也就是说,"任何公务人员的才干政绩都要符合廉政的规范,但积极作为、勇于奉献是评价公务人员廉政与否的基础,对一个没有任何作为的公务人员讨论其廉政问题是没有意义的。表面上看,'慵懒散'式的不作为不符合传统意义的以权谋私腐败,但其实质仍然是不给好处就不办事现象的翻版"[3]。一句话,党对干部考评强调的是"廉而保能",而非消极保廉,是以清廉准则为规约、以公务人员积极作为和努力奉献为基础展开的。但不少理论研究成果和访谈调查结果都将"为官不为"现象归因于严厉政治生态下干部的"避责"举动和得不偿失,而

---

[1] Suryadipta Roy, Is Corruption Anti-Labor? *Applied Economics Letters*, Vol. 17, Iss. 4, 2010.

[2] Andrew Hodge et al., Exploring the Links Between Corruption and Growth, *Review of Development Economics*, Vol. 15, Iss. 3, 2011.

[3] 郭剑鸣:《国际清廉评价话语体系认知与中国清廉评价话语权建设》,载《政治学研究》2017年第6期。

第二章
"廉能耦合":问题的提出与理论基础

将"能人腐败"高发归因于政绩激励过猛和监管不实。两类现象研究归并起来,似乎构成了干部"廉政"与"能政"难以良性耦合的证据链。其实,这种耦合困难的证据充其量只是管理意义上的,而不是本质意义上的。因为,从内在规定性上讲,"能"意味着"有才干""会成事",而"廉"意味着"清正""不附利",无论在理论上还是经验上都无法证明"能人一定会腐败"或"清正一定是在无为中才能修成"。《官箴》中说:"吏不畏吾严而畏吾廉,民不服吾能而服吾公;公则民不敢慢,廉则吏不敢欺;公生明,廉生威。"虽然内含"颂廉"的意思,但也清楚地表明"廉"可促"能"生威,有利于动员干部和民众积极作为,而"能"之与否至少不会对"廉"起约束作用。在新时代,党对干部的"廉""能"要求其实更是干部自身对党和人民的庄严承诺,远比历史标准的规范更为严格,干部对"廉政"与"能政"的追求有其内在的最大公约数,那就是以人民为中心、提高公众满意度,两者本质上具有价值相容性,即良性耦合的属性。

不过,这种良性耦合的属性并不能完全排斥两者相互约束关系的存在。根本原因就在于干部"廉政"与"能政"的耦合不是在封闭的环境中发生的,而是在受到各种外部因素的强力干扰中进行的。这些干扰因素包括:权力的外溢效应、监管困难、市场引诱、发展压力、欲望和家庭亲情关系等。质言之,干部"廉政"与"能政"的耦合是有成本的,这种成本的抵消除了依靠干部自身修养的克制外,也离不开科学的外在激励强化。亨廷顿曾提出过一个关于政治腐化的公式,揭示了社会动员、发展机会与制度化、政治腐化之间的关联性。[①] 其中的核心要义就是通过制度现代化来堵塞发生政治腐化的诱惑。因此,不能过分高估或者听令干部自我实现两者良性耦合的

---

① 〔美〕塞缪尔·亨廷顿:《变化社会中的政治秩序》,王冠华等译,生活·读书·新知三联书店1989年版,第51页。

主动性,而是需要冷静反思现有的干部考评机制是否存在激励缺陷,并科学建构一个干部"廉""能"激励相容的考评体系。

干部"廉政"与"能政"行为出现一定的排斥性,还在于各自成长的逻辑和强化手段并不完全重合,有的还存在约束关系。比如"能政"的达成通常是积极主动的行为,需要创造条件、克服困难,不仅要付出努力,还可能犯错误,至少会有试错成本,因此要有较强大的动力支撑。而"廉政"的修成可以采取相对消极的方式,不多拿、不错拿,是一种控制欲望和动力的过程。也就是说,"能政"往往是有成本付出的,而"廉政"则可能表现为一种不失去的形态。所以,成就"能政"的干部如果没有制度化的监管和补偿,会有自我寻求补偿的机会主义倾向;而做一个"清官"需要的就是克制自己非分的贪欲。这就要求从外部促进形成干部"廉政"与"能政"耦合的机制,即设置"耦合器",它必须具备强化监管、补偿和管控功能,体现激励与约束并重、严管与厚爱相加的精神。

第三节
分析干部"廉能耦合"问题的理论视角

一、耦合理论

耦合理论主要研究多个系统之间或者系统内诸要素之间,通过相互作用、相互影响,彼此间产生相互促进或者制约的现象和规律。其中系统耦合和模式耦合在社会科学研究领域应用广泛。美国新古典主义经济学家索洛(Robert Solow)首先将其引入创新与发展的耦合关系研究中;波特(Michael E. Porter)将发展表述为要素驱动、

第二章
"廉能耦合"：问题的提出与理论基础

投资驱动、创新驱动和财富驱动四个不同阶段的耦合函数。① 罗伊、霍奇等研究过腐败、劳动、经济增长的正负向耦合关系。近年来，国内学者将耦合理论运用于城市发展、产业集群、生态环境、经济管理等关系的研究，如熊勇清、李世才测度产业间及产业与城市的协调发展程度；邱国栋、马巧慧测度技术创新与金融创新耦合促进关系；祝影、王飞研究特定区域创新系统与发展系统的耦合度对经济社会发展的影响等。总之，耦合的前提和基础在于两个系统之间存在着某种联系，彼此之间通过这种相互作用的联系机制，使得各方的属性发生变化。② 张立荣将耦合视角引入公共管理的理论与方法研究中，③但是，国内运用耦合理论研究政治学和公共管理学具体问题的文献尚不多见。

耦合理论的核心内容及其应用价值在于提出了良性耦合和恶性耦合的概念，分别指系统之间相互依存、相互促进的具有正外部性的耦合和相互制约、相互摩擦产生负外部性的耦合。它有一套测度耦合状况和协同度的模型与方法，并强调各方在渐进适应的基础上达到耦合，而非各自放弃系统的自主性强行耦合，这为促进具有相容与相斥双重属性的两组关系之间的良性耦合提供了理论指导和路径选择。

本书以耦合理论作为干部"廉政""能政"耦合问题研究的理论基础之一，并由此建立相关测度指标和模型，通过筛选典型县域测算浙江省"廉能耦合"状况，以此推测中国现存的干部"廉能"协调、

---

① Michael E. Porter, The Competitive Advantage of Nation, *Harvard Business Review*, Vol. 68, Iss. 2, 1990, pp. 73-93.
② 徐玉莲、王玉冬、林艳：《区域科技创新与科技金融耦合协调度评价研究》，载《科学学与科学技术管理》2011年第12期。
③ 张立荣：《公共管理的理论与实证研究：基于中国关怀与国际视野相耦合的哲学观》，中国社会科学出版社2015年版，前言。

廉能激励相容
新时代清廉评价与建设探索

磨合、激励等机制障碍问题。目前,中国对干部及干部队伍的考核主要依据《公务员法》进行,按照管理权限,对干部的考核涉及干部的德、能、勤、绩、廉五大方面。历史和现实中集"能臣"和"廉吏"于一身的人不多,相较而言经常出现"能人腐败"与"为官不为"的现象,即官员本身"廉"和"能"少有高度耦合或是"廉"与"能"常出现相悖情况。对于任何一个干部的考核,才干政绩不能脱离廉政规范而谈,廉洁不腐亦不能代表德才双全,"廉而保能"是中国对干部队伍考核的重点,但其并非消极保廉,而是以廉能准则为规约、以公务人员积极作为和努力奉献为基础展开。深虑之,"既廉又能"作为干部履职要求的一体两面该如何实现?如何评价?"廉政"与"能政"之间如何互相驱动或互为抑制,使得"既廉又能"得以持续、"廉能皆非"可以矫正并成为干部履职的内生动力?此间就需要对干部的"廉能"有个科学化的测度,便于解释二者相互依存、相互影响、共同演进的动态关联关系,并以此把握干部"廉能"激励的发展路径和效应。由此,引入耦合理论及其协调度理论就能较好地阐释"廉能"背离现象,并对"廉能"良性耦合的实现给予相应的学理指导。

基于耦合理论,还可以讨论干部"廉政"与"能政"的可耦合性及其条件。虽然两者可以视为各具内涵和特征的不同系统,但两者作为党对干部履职要求的一体两面,其共同的耦合点和耦合需求就是共同支撑着以人民为中心、增加公众获得感,实现民族伟大复兴历史使命的大局。因此,一方面,在党风廉政建设中要努力提高两者的良性耦合水平,避免出现两者相互排斥、此消彼长的现象;另一方面,可以探索科学测度干部"廉政"与"能政"耦合状况的指标体系和方法,将单纯的廉政评价拓展提升为"廉政"与"能政"耦合评价,为党长期执政行稳致远提供更好的支撑。

二、激励错配与激励相容

斯蒂芬·P.罗宾斯（Stephen P. Robbins）认为激励是一种组织目标的意愿，这种意愿必须通过高水平的努力才能实现，但前提是要满足公职人员的个人需求。① 贝雷尔森（B. Berelson）和斯坦纳（G. A. Steiner）在《人类行为：科学发现成果》一书中提出，"人的激励涵盖了一切内心要取得的条件，譬如希望、愿望等"②。它的含义是人的行为从始至终，即从开始、激发、延续到终止，都贯穿着人的各种主观反应和状态，而这些都基于有效的激励。赫伯特·斯宾塞（Herbert Spencer）从社会进化的视角进行分析，通过本能理论来说明人类动机的激励问题，认为人类的本能才是激发动机的根本。③ 心理学家贝萨尼·L.伍德沃思（Woodworth）则认为驱动力是激励人们产生需求行为的根源，需求是处于潜在状态的，人一旦行动开来，人的本能也就被激发了，因此，驱动力是激励的根源。④

"激励错配"是从经济学概念中的"资源错配"衍生而来的。古汉语中"激励"包含两层意思：一为激发、鼓励，二为斥责、批评。《资治通鉴》中提道："将士皆激励请奋"，意思是通过奖励、刑罚正负两个方向的"激励"以使将军和士兵奋战沙场。"激励"的英文表达为"motivate"，有两个意思：一是刺激、诱导，二是通过某种方式或手段

---

① Stephen P. Robbins, *Organizational Behavior and Self-Assessment Library*, Prentice Hall, 2004.
② B. Berelson and G. A. Steiner, *Human Behavior: An Inventory of Scientific Findings*, Harcourt, Brace & World, 1964, pp. 181-182.
③ Herbert Spencer, *The Study of Sociology*, University of Michigan Press, 1961, pp. 477-479.
④ Bethany L. Woodworth, Modeling Population Dynamics of a Songbird Exposed to Parasitism and Predation and Evaluating Management Options, *Conservation Biology*, Vol. 13, Iss. 1, 1999, p. 67.

廉能激励相容
新时代清廉评价与建设探索

来激发积极性。国外私企就是主要基于对员工的激励来实现营利的目的的。现代较系统的激励理论研究始于20世纪二三十年代，到80年代形成了初步的激励理论体系。在这个体系中，学科之间关于"激励"的定义大同小异，如组织管理学将"激励"定义为为实现组织特定的目的，通过影响人们的内在需求或动机，从而强化、引导人们的行为方式的反复的过程。心理学中的"激励"意指由一定的刺激而激发人的行为动机，使人有一股内在的动力，朝着所期望的目标前进的心理活动过程。人的行为方式由行为动机所指示，行为动机难以观察却能通过分析得出，激励的意义就在于通过影响和引导激发人的动机。在干部管理方面，激励作为组织、协调干部的基本职能，其基本任务就是调动干部群体的积极性，激发干部的主动性和创造性。

毫无疑问，激励也是一种重要的资源，在干部考评当中激励包括物质的、精神的，也包括政策制度的。就干部激励而言，"激励错配"是指在干部评价及管理中，由于考核体系"碎片化"、激励强弱分化、激励与约束相斥等原因，被考评要素在干部队伍中得到遵从的程度出现横截面差异，使得"德、能、勤、绩、廉"在干部身上的边际考察产出价值不相等的一种政治现象。在干部评价和管理系统中，如果出现激励错配问题，比如激励"廉政"与"能政"的目标、资源、力度存在一定的排斥性时，就容易误导干部的行为。一方面，干部队伍中会出现分化，一些干部为了得到廉政的激励会选择消极保廉，而另一些干部可能走上政绩依赖而逾越廉政底线，从而出现"能人腐败"与"为官不为"的"跷跷板"现象。另一方面，干部行为动机、行为方式和追求的行为结果之间常常出现摇摆，而无法始终如一。质言之，"廉政"与"能政"激励错配将难以让勇于担当的干部廉洁自律，也难以让廉洁自律的干部积极作为。从理论上讲，解决激励错配和

第二章
"廉能耦合"：问题的提出与理论基础

激励碎片化问题的可行路径就是激励相容。

激励相容理论（incentive compatibility theory）亦称为"激励性规制理论"，是规制经济学发展到第五阶段形成的理论。它最初是由哈维茨（L. Hurwicz）[①]在机制设计理论中创立，哈维茨从"理性人"假设出发，认为社会经济活动中每个人都有自利的一面，个人行为是为了名利的最大化。假若有一种制度安排，在促使个人追求其利益最大化的同时，恰好与组织实现组织价值最大化的目标相吻合，从而使得个人和组织都获得最大程度的满意，那么这种制度安排就是"激励相容"。后来美国教授威廉·维克里（William Vickrey）和英国教授詹姆斯·米尔利斯（James Mirrlees）将"激励相容"的概念应用到关于产业发展的研究当中，开辟了在信息不对称的条件下产业激励相容机制设计的新思路和新视角。[②] 细回味激励相容理论可以发现，人性假设和公私利益观一直镶嵌在该理论的发展轨迹中，在古典经济学理论中常把组织中的个体视为"经济人"，而在"经济人"眼中，组织只是他们实现自己目标的载体和方式。于是，在公私利益不可兼得时，"经济人"势必谋求私利，公共利益则被抛于脑后。激励相容所探究的是：当组织（委托人）与个体（代理人）的利益、目标存在分歧，并且在二者之间出现严重的信息不对称性，组织无法准确地预测和观察个体的行为时，如何实现个体责任与权利的和谐统一、平衡个体与整体之间的利益诉求，使个体的价值与整体的价值产生绑定效应。为此，在激励相容的机制设计中，参与约束与激励相容约束两个条件充分且必要：个体（代理人）基于私利，据"经济

[①] L. Hurwicz, On Informationally Decentralized Systems, in C. B. McGuire and R. Radner(eds.), *Decision and Organization*, North-Holland Publishing Company, 1972, pp. 73-86.

[②] 杨春学：《1996年度诺贝尔经济学奖得主詹姆斯·米尔利斯与威廉·维克里及其学术贡献》，载《经济学动态》1997年第1期。

廉能激励相容
新时代清廉评价与建设探索

人"假设须参与到组织(委托人)所提供的机制约束当中;机制设计中不但要满足代理人个人利益的最大化,也要使委托人的目标和效用达到最大化。[①] 从本质上讲,激励相容其实就是一种双赢互利的制度设计,使利益在各方得以和谐分配,以此规避个人的逆向选择及道德风险。在干部"廉能耦合"的研究中,已知"廉能"不会"自耦合"是因为缺少"耦合器",作为双赢互利的制度设计——激励相容就是干部"廉能耦合"的"耦合器",它排斥并修正了干部"廉能"激励中的错配问题,使得"廉能"激励在干部队伍中得以和谐分配。

将"激励相容"延伸至干部考评机制中,一个具备激励相容功能的干部考评机制的核心应该具有两层意思:一是要将干部服务对象(国家和人民)的利益与干部基于服务付出的自身正当利益诉求统一起来;二是将对干部履职的"德、能、勤、绩、廉"因素链接起来。[②] 要实现这样的目的,需要各类激励机制有机融合,这其中包括激励目标相容、激励手段相容、激励过程相容三类主要因素,具体而言:(1)干部个人目标和政府组织目标相容。干部个人目标在于他们个人利益,政府组织目标则是国家和人民的整体利益。政府设计出一套基于激励相容的干部考评机制需链接"德、能、勤、绩、廉",干部个人作为理性"经济人",在晋升和奖励助推下会通过提升自身职业素养和加强技能培训追求自身效用最大化,积极完成考核任务和目标,同时也会较好地完成政府公共治理的任务,有效提升国家和人民对服务型政府的满意度和信任度。(2)正面激励手段与负面管控机制相容。正面激励和负面管控不相互掣肘,需要二者实现价值

[①] 阮柏荣:《基于激励相容理论的非营利组织员工激励机制研究》,华东师范大学2013年硕士学位论文。

[②] 郭剑鸣:《廉能激励相容:完善干部考评机制的理论向度与实施进路》,载《社会科学战线》2018年第11期。

第二章
"廉能耦合"：问题的提出与理论基础

层面的融合，即它们的作用皆在于激励干部"廉能"良性耦合。只循着单方面奖励或打压又或是具有任何激励错配嫌疑的手段并不能使干部"廉能耦合"，实践也已证实如此。（3）正负激励执行步调协调、机制适应性随时调整是过程相容的基本要求。构建灵活的激励链是过程相容的内在要求，构建激励链的核心价值在于确保各种考评机制的激励价值取向、具体手段在激励的整个过程中不轻易前后覆盖和相互否定，过程的相容更要求对干部行为不产生忽左忽右的牵引，不让干部难以适从。

激励相容理念运用在干部"廉能"促进及耦合机制中的价值追求，就是要强化监管、补偿和管控功能，体现激励与约束并重、严管与厚爱相加，最终统合干部个人和政府组织、公众的利益。循着这一向度，通过深入调查中国部分地区的干部考评机制内含的"激励错配"或"激励碎片化"问题，探讨干部履职生涯全周期的激励相容情况，对于实现这些地区干部"廉能"良性耦合，提升政府创新能力与社会治理的公众满意度的总体目标都有着非常重要的意义。

激励相容理论是指导干部评价机制中将不同目的、内容和方法的激励有机融合的主要理论依据，为设计干部"廉政"与"能政"的良性耦合激励机制提供了理论向度和路径选择。根据激励相容的内在逻辑，要实现两个或两个以上具有自身特质子系统的共同激励必须提升对各子系统激励目标、过程、方式和程度等方面的相容性。因此，在新时代廉政评价与建设中，在强化对干部廉政激励的同时，需要充分兼顾对干部能政的激励。

三、协同治理理论

"协同治理理论主要源自协同理论（Synergetics）和治理理论（Governance）。协同学在20世纪70年代由联邦德国物理学家哈肯

廉能激励相容
新时代清廉评价与建设探索

创立,其研究的是由完全不同性质的大量子要素所构成的各种系统,进一步言,它是一门倾向于横断性的学理研究,以非平衡系统及事务为研究对象,力图阐明在具体性质极不相同的系统中产生新结构和自组织的共同性,揭示合作效应引起的系统的自组织作用"[1],从而实现系统由无序达至有序的目的。协同理论包括协同效应、自组织和伺服原理。任何一个系统在聚集状态达到一定程度或者存在外力作用时,系统子要素便会出现协同作用,当子要素协同作用达到临界值时,协同的累积性系统将产生质变,这一质变就体现为协同效应;自组织是在不受外力作用的条件下,系统中各子要素按照一定的规律和原则形成特定的功能或者结构,形成过程集中体现为内生性和自发性;[2]伺服原理简言之就是快变量服从慢变量且序参量支配子系统的行为。论及治理理论,其创始人罗西瑙(J. N. Rosenau)认为,治理是一系列活动领域的管理机制,这些机制未必是正式授权,相比较对宪法或宪章的依赖,治理及其目标的达成更加依附于各主体的共同利益。他进一步论证了目标在没有政府的治理下亦是可能实现的。[3]治理理论强调了一点,在社会事务的管理中治理主体是多元化的,不仅包括政府等公共机构,还可以是私人机构、社区、第三部门等非政府组织,亦可以是公共机构与私人机构的合作组织、强制与自愿的合作组织。治理是一种上下互动的管理过程,并非单一的从上到下的垂直式管理,更加主张通过多方合作、协商确立共同的目标。

---

[1] 刘大伟:《协同理论视域下的德育网络构建》,载《教育理论与实践》2011年第31期。

[2] 白列湖:《协同论与管理协同理论》,载《甘肃社会科学》2007年第5期。

[3] 〔美〕詹姆斯·N.罗西瑙主编:《没有政府的治理》,张胜军等译,江西人民出版社2001年版,第5页。

第二章
"廉能耦合":问题的提出与理论基础

协同治理理论包含着协同理论和治理理论的中心要义,并显示了二者的集合特征。罗伯特·阿格拉诺夫(Robert Agranoff)在《协作性公共管理:地方政府新战略》中对公共事务的协同治理、治理理论及其特征作出了较为系统的阐述。协同治理摒弃"碎片化"治理,同时也并非是单纯的整体性治理,它主张在公共决策、公共服务以及公共事务治理过程中,构建互动式、参与式和具有协作性的管理体制机制,把多部门、不同主体和不同辖区的权力、职能、资源和优势联结成一个"1+1>2"的资源整体化的治理结构,其目的在于促使多中心治理主体在公共管理过程中更高效地协调与合作,以打造功能整合有效、为公民服务无缝隙、公共价值日益实现的服务型政府。[①] 一言以蔽之,协同治理理论的精髓在于多元主体协作处理复杂社会公共事务,强调治理主体的多元性、治理权威的多样性、子系统的协作性、系统的动态性、自组织的协调性、社会秩序的稳定性。

揆诸以往"为官不为"与"能人腐败"的矫正路径或者"廉能耦合"的激励策略,结果显然难以两面兼顾。比如,建立专业的官员队伍新标准,并构建合理的报酬体系,打通从"为官不为"到"做官有为"的通道;从解决"不敢为"、容忍"不可避免之错"角度,建立"容错机制",消除干部勇于干事的后顾之忧;构筑有利于培育"改革促进派"的机制,营造崇尚改革的政治生态等,虽然从多维度治理"能人腐败"或"为官不为",但终归属于无序的单方面抑制,鲜有的"整体性"治理在机制和路径上又存在相互掣肘的现象,治理"碎片化"的总体特征造成了干部"廉政"与"能政"相互背离的恶性耦合以及"廉政"与"能政"相互应付的无效耦合。审度现存的"能人腐败"或"为

[①] 张贤明、田玉麒:《论协同治理的内涵、价值及发展趋向》,载《湖北社会科学》2016年第1期。

官不为"治理路径相悖、各自强化等障碍,有必要借鉴协同治理理论中有关多元主体协作摆正非平衡系统原理,沿着强化"廉政"与"能政"的相容性、管控"廉政"与"能政"的相斥性的思路,从激励的目标协同、过程协同、手段(保障)协同、评价协同等多元方式入手,对"廉政"与"能政"激励的非平衡难题的解决进行有序的递进式协同推进,达成进路如图 2.1 所示。

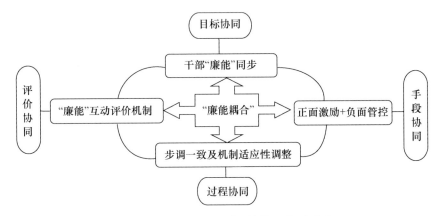

图 2.1　干部"廉能耦合"的协同激励路径

第三章
从清廉评价到"廉能耦合"测度：
以浙江为例

第一节
浙江省域清廉公众感知评价实验(2015—2019)

一、研究设计

2012年12月4日,中共中央政治局召开会议,审议通过了《十八届中央政治局关于改进工作作风、密切联系群众的八项规定》。2013年4月,中共中央决定开展以反"四风"为主题的"群众路线教育实践活动","努力在解决作风不实、不正和行为不廉上取得实效,在提高群众工作能力、密切党群干群关系、全心全意为人民服务上取得实际实效"①。全国范围内"打虎""拍蝇"等正风肃纪反腐倡廉工作深入展开。根据中央关于"增强公众在正风反腐中的获得感"的精神,我们选择从公众感知的视角,采用主观评价的方法研究政府廉洁反腐败工作的实际成效,从2015年起连续开展浙江省域县(市、区)级政府廉洁反腐败状况公众感知调查。每年公开出版发布《浙江省县(市、区)政府廉洁反腐败的公众感知评估报告》。我们的调查尽可能地克服了当前国际组织清廉调查与评价报告的一些缺点,筛选了制度完备、程序公正、结果公平、业务规范、作风正派、行

---

① 《中共中央关于在全党深入开展党的群众路线教育实践活动的意见》,http://qzlx.people.com.cn/n/2013/0930/c365007-23090188.html,2020年6月20日访问。

为正义、文化清明、成效显著共8个一级指标和40项二级指标,调查访谈对象覆盖浙江省11个地市、89个县(市、区),每年固定调查访谈样本达到13763个,占全省常住人口的2.65‰。

在访谈调查过程、对象和方式上,我们也有自己的独特性。一是不夹带自己的价值标准和感情感受,完全忠实于受访民众的感知;二是直接进行访谈调查,全部是一手数据,不受新闻媒体、政府发布信息的影响,我们对所有县(市、区)都没有典型经验意义上的偏好,也不先验地看待某个地方的党风、政风和社会风气;三是坚持属地评价,即本地常住居民评价本地政府的清廉状况,避免异地评价的肤浅、不负责任和缺乏对属地政府持续一贯的认知等因素的干扰。我们招募培训了90名有一定调研经验的研究生和大学生,这些学生都来自要调研的县(市、区)中的某一个县(市、区)或至少在某一个县(市、区)有常住居民的亲朋好友,对所调查的地域有一定程度的了解。他们在教师的带领下,4—5人一组,花费两个月左右的时间对每个县(市、区)进行随机访谈。我们对访谈对象有严格的筛选,其身份要符合四个条件,即必须是所在县(市、区)的常住居民,必须是直接接触过县(市、区)、镇或村任意一类的干部,对他们的公务行为或生活方式有直接感知,必须有社会交往的职业(排除家庭主妇、主男),有切实的住址(我们承诺保密),必须有一定的行业、年龄和镇村区域分布。我们要求每人每天最多访谈6个对象,以保证调查的全面、深入和完整,不走过场。同时,我们允许被调查访谈对象聚集同村、同单位的人共同完成,所以,1份样本也可能代表一个村或一个部门,其代表性有较好的社会基础。另外,为保证评价结果的可逆检验,我们将所有的原始调查问卷都作为档案保存起来。可以说,在主观评价中我们做到了尽可能的客观。

第三章
从清廉评价到"廉能耦合"测度:以浙江为例

1. 指标选取

"清廉浙江"建设考核指标体系严格依据《中共浙江省委关于推进清廉浙江建设的决定》确定的 35 条精神,围绕推动"清廉思想、清廉制度、清廉规则、清廉纪律、清廉文化"建设,打造"干部清正、政府清廉、政治清明、社会清朗"的总体要求,确定考核指标的维度和内涵。

重点考核五大清廉建设领域的成效:(1)"清廉浙江"的思想意识提升程度,包括各地区各部门管党治党的责任意识的自觉程度和党员干部纪律意识、规矩意识的增强程度;(2)"清廉浙江"的制度保障完善程度,包括党内政治生活的规范程度和党内政治生态的纯净程度;(3)巩固反腐败斗争取得压倒性胜利的实际成果,包括实现腐败犯罪案件增量、领导干部腐败犯罪案件数量和行贿案件数量"三个"明显下降情况;(4)"清廉浙江"的社会基础夯实程度,包括清廉机关、村居、医院、校园、企业和家庭相互浸润、相得益彰的情况;(5)"清廉浙江"建设的民众获得感的增强程度。

"清廉浙江"公众感知指标体系是根据县(市、区)政府廉洁建设、反腐败的性质和要求,揭示地方政府的公共服务价值,按照公众价值观来判断地方政府、社会的廉洁程度。因此,"清廉浙江"的公众感知指标体系要能反映公众对反腐倡廉制度体系的感知,要能反映公众对廉洁建设、反腐败目标的感知,要能反映廉洁建设、反腐败制度措施所设定的目标实现程度的感知,要能反映公众对各项制度措施的实际效果是否与预定目标相符合的感知,要能反映公众对廉政教育和廉政文化建设的效果的感知,要能反映全社会是否形成了浓厚的廉政文化氛围的感知,要能反映公众对廉洁建设、反腐败体系的知晓度、支持度和参与度。

廉能激励相容
新时代清廉评价与建设探索

相对于其他廉洁评价体系，"清廉浙江"公众感知指标体系要以一定的价值观为指导，这种价值观应反映地方政府活动是为地方公众利益服务为核心价值的、以全面依法行政为手段的管理行为。"清廉浙江"公众感知指标体系应该以评价主体的思想和评价对象的行为活动为依据、以进行效果判断为结果的，来揭示地方政府的廉政建设、反腐败工作的效果。"清廉浙江"公众感知指标体系是以促进地方政府廉洁行政为目的来提高地方社会的廉洁文化氛围。

"清廉浙江"公众感知指标体系选取指标遵循以下四项原则：（1）完整性原则。评价指标应尽可能全面地反映地方政府廉洁行政各方面的因素，指标体系实施后，对地方政府廉政建设工作要能起重要的导向作用，要使这一指标体系成为地方政府廉政建设、反腐败工作的操作标准，实现促进地方政府廉洁高效的目的。（2）重要性原则。在完整性原则的基础上，指标要能体现地方政府反腐败、廉政建设中重要的、具有典型性和代表性的指标。只有选择突出重点内容的量化指标，才能准确、完整地反映地方政府反腐败、廉政建设的工作内容。（3）系统性原则。系统性原则是指廉洁、反腐败的公众感知指标之间互相联系和互相制约，纵向指标之间是相互联系的，具有不同层次的包含关系；横向指标之间是相互制约的，即不同方面的指标之间具有制约关系。系统性原则还要求同层次指标之间尽可能界限分明，不同层次的指标要为共同测量矢量服务。（4）可操作性原则。评价指标均应尽量选择量化指标，并可用于指标与指标之间的两两比较。

在"清廉浙江"公众感知指标问题设计时，我们做到：第一，主题明确，层次分明。围绕所需要的主要问题来确定问卷的结构，重点突出，层次清晰。第二，题量适当，表达明确。问卷中问题的数量要控制得当，过细过多的问题都会让被调查者无法回答，从而影响问

第三章
从清廉评价到"廉能耦合"测度：以浙江为例

卷质量。问题表达要明确，不模棱两可，要选择具有代表性的、易于理解和回答的问题。第三，层次合理，问卷问题的设计要具有逻辑性，回答顺序符合被访问者的思维习惯。第四，处理便捷，问卷采集的数据要方便计算机录入、数据处理等。

"清廉浙江"公众感知指标体系选取指标的依据是反腐败、廉政建设的阶段划分。我们把反腐败、廉政建设大体划分为事前、事中和事后三个阶段，这三个阶段分别为防反规制、廉政行为和廉政氛围。每个阶段又包括了若干个方面，即防腐制度感知、防腐程序感知、反腐败保障感知、业务不正感知、作风腐化感知、行为腐败感知、腐败文化感知和防反成果感知，这几个方面共同构成一个既有区别又有联系的有机系统。

设计指标时通常可以分层进行，我们采用的是二层次指标体系的方法：第一级是综合指标层，其按照事前、事中和事后三个阶段的八个方面进行设计；第二级是问项层，是对二级指标的具体内容进行细化。采用逐级细化的指标体系，我们的层级指标主要有如下优点：（1）层级设计可以保证指标体系较全面且直观，系统性强；（2）同层次各指标之间独立性强，不同层次指标之间区分度明显；（3）各项指标所涉及的内容都是公众在接受或观察政府服务行为中能够直接接触和感受到的，较好地保证了调查结果的有效性和可靠性。

因为，通过直接询问或观察的方法来了解公众对反腐败、廉政建设的态度是很困难的，但是利用态度测量技术进行量化处理，将会使那些难于表达和衡量的态度既客观又方便地表示出来。我们采用让公众对反腐败、廉政建设中的陈述进行评价，即可对"我所在县（市、区）政府官员常出入娱乐会所"这一陈述进行评价，这是态度测量技术所运用的基本工具，并且我们采用李克特5点量表，这种量表比较容易设计和处理，公众也比较容易理解，采用5级顺序量表，即很不同意、不同意、很难说、同意、非常同意，相应赋值为1、2、3、4和5。

选择具体指标时，我们主要是通过查阅国内外相关文献，观察政府活动相关的反腐败、廉政建设的各方面，其后结合反腐败、廉政建设研究的专业人士，反腐败、廉政建设政府工作人员，以及不同层面的公众等给出的意见和建议进行删减、增补或替换；再采用拦截调查的方法了解一部分公众的看法；综合分析和整理之后确定"清廉浙江"的公众感知评价的各个指标。我们参考了大量文献，设计出影响公众满意的关键因素识别问卷，然后进行信度和合理性分析，剔除不合适的指标，再通过组织式调查和专家访谈来对问卷进行修改。最终我们得到"清廉浙江"公众感知指标体系，该体系包括8个一级指标和40个具体测量的二级指标，具体见表3.1。

表3.1 "清廉浙江"公众感知各层次指标

目标层	一级指标	二级指标	编号
"清廉浙江"的公众感知	制度完备（A）	我所在县（市、区）的主要领导对反腐败很重视	A1
		我所在县（市、区）具有严格的反腐败规章制度	A2
		我所在县（市、区）严格执行反腐败法规、制度	A3
		我县（市、区）的媒体经常宣传反腐败措施、方法	A4
		举报我所在县（市、区）的官员腐败行为简单、便捷	A5
	程序公正（B）	我可以随时通过网络查询所在县（市、区）政府信息	B1
		我所在县（市、区）重大项目招投标公开、公平	B2
		我所在县（市、区）政府有具体的权力清单	B3
		我所在县（市、区）审计部门在审计中起到防腐作用	B4
		我所在县（市、区）的财务信息公开、透明	B5

第三章
从清廉评价到"廉能耦合"测度：以浙江为例

（续表）

目标层	一级指标	二级指标	编号
"清廉浙江"的公众感知	结果公平（C）	我县（市、区）官员腐败行为查实就被司法部门立案	C1
		我所在县（市、区）的官员腐败处罚得当	C2
		我所在县（市、区）的媒体经常报道腐败案件	C3
		我所在县（市、区）的举报行为不会受到任何报复	C4
		我所在县（市、区）的官员一被举报就会受到调查	C5
	业务规范（D）	我所在县（市、区）的官员没有公车私用现象	D1
		我所在县（市、区）的官员大都依法履职办事	D2
		在我所在县（市、区）办理证照不会受到刁难	D3
		我所在县（市、区）的所有企业都受到公正的对待	D4
		我所在县（市、区）的官员参与企业股份并不严重	D5
	作风正派（E）	我所在县（市、区）"最多跑一次"改革进展顺利	E1
		我所在县（市、区）的官员大吃大喝现象不严重	E2
		我所在县（市、区）的官员很少有"为官不为"现象	E3
		我所在县（市、区）的官员很少出入娱乐会所	E4
		我所在县（市、区）的官员很少会有婚外情	E5
	行为正义（F）	我所在县（市、区）的官员很少参与赌博	F1
		我所在县（市、区）的官员没有强行占用他人财物现象	F2
		我所在县（市、区）的官员子女上学很少会"走后门"	F3
		我所在县（市、区）的官员并没利用婚丧嫁娶接受礼金	F4
		我所在县（市、区）的官员家属不存在"吃空饷"现象	F5
	文化清明（G）	我所在县（市、区）几乎不存在权钱交易现象	G1
		我所在县（市、区）的官员人情关系网络并不复杂	G2
		我所在县（市、区）不存在"官官相护"的现象	G3
		我所在县（市、区）的职能部门积极配合廉政部门工作	G4
		我所在县（市、区）的官员很少会为自己的亲戚谋取利益	G5
	成效显著（H）	我所在县（市、区）已建立预防腐败信息数据库	H1
		我所在县（市、区）反腐败工作力度很强	H2
		我所在县（市、区）的官员腐败程度比较轻微	H3
		我所在县（市、区）的廉政建设与民生实务关系紧密	H4
		我所在县（市、区）的官员正直、清正、廉洁	H5

在设计问卷时，为了提高问卷的数据真实性和可靠性，我们并没有把所有问题的陈述都设计为正向或反向型的，我们在整份问卷

中进行正向与反向陈述的穿插,以保证数据的可靠性。我们把评价目标定义为"清廉浙江"的公众感知,把8个一级指标分别定义为制度完备、程序公正、结果公平、业务规范、作风正派、行为正义、文化清明和成效显著。40个二级指标分别用来测评8个一级指标。

2. 权重设定

指标的权重是各项指标在测评体系中具有不同的重要性程度,是主观评价和客观反映的综合度量。指标的权重取决于三方面:一是各指标本身在评价中的作用,反映了客观差异;二是评价者对该指标的重视程度,反映了主观差异;三是各指标的可靠程度,反映了各指标所提供的信息的可靠性不同。

我们采用主成分分析法对"清廉浙江"建设考核指标体系中各个指标进行分析,计算每个指标的权重。主成分是通过一些较小数量指标(因子)代替原来较多的指标,新的指标是原来指标的线性组合,并能充分载有原指标的信息量,起到降维作用。新指标对原来信息的反映程度即为权重。核心思想是通过主成分分析,以每个主成分的方差贡献率作为权重,来构建综合评价函数。该方法客观性强,避免了人为赋权造成的偏差。

通过分别对清廉建设制度完备、程序公正、结果公平、业务规范、作风正派、行为正义、文化清明、成效显著共8个一级指标进行因子分析,可以得到主成分的方差贡献率、公因子方差和成分矩阵。

下面以制度完备指标权重设定过程为例,说明各一级指标权重的设定过程和结果。

由表3.2、3.3、3.4可见,从浙江省县(市、区)政府廉洁反腐的公众感知的一级指标制度完备的5个二级指标中可以提取一个特征值大于1的因子,得到这个因子解释了总方差的44.747%。

第三章
从清廉评价到"廉能耦合"测度：以浙江为例

表 3.2　公因子方差（制度完备）

	初始	提取
A1 主要领导对反腐败重视不够	1.000	0.157
A2 具有严格的反腐败规章制度	1.000	0.584
A3 严格执行反腐败法规、制度	1.000	0.677
A4 媒体经常宣传反腐败措施、方法	1.000	0.318
A5 举报官员腐败行为简单、便捷	1.000	0.501

提取方法：主成分分析法。

表 3.3　成分矩阵（制度完备）

	成分 1
A1 主要领导对反腐败重视不够	0.396
A2 具有严格的反腐败规章制度	0.764
A3 严格执行反腐败法规、制度	0.823
A4 媒体经常宣传反腐败措施、方法	0.564
A5 举报官员腐败行为简单、便捷	0.708

提取方法：主成分分析法。

表 3.4　解释的总方差（制度完备）

成分	初始特征值			提取平方和载入		
	合计	方差的%	累积%	合计	方差的%	累积%
1	2.237	44.747	44.747	2.237	44.747	44.747
2	0.910	18.200	62.948			
3	0.796	15.921	78.869			
4	0.648	12.958	91.827			
5	0.409	8.173	100.000			

提取方法：主成分分析法。

以此类推，可以分别得到其他 7 个一级指标累积解释了总方差的值：57.387%、54.437%、44.576%、47.541%、46.923%、54.437% 和 42.129%。

我们再对县（市、区）政府廉洁反腐的公众感知指标体系的制度完备、程序公平、结果公正、业务规范、作风正派、行为正直、文化清明和成效显著等八个方面的一阶因子分析之后的结果进行二阶因子分析，得到主成分的方差贡献率、公因子方差和成分矩阵。

由表 3.5 可见，Kaiser-Meyer-Olkin（KMO）度量值为 0.863，大于 0.7，并且 Bartlett 球形度检验具有显著性，因此，我们的县（市、区）政府廉洁反腐的公众感知指标体系的制度完备、程序公平、结果公正、业务规范、作风正派、行为正直、文化清明和成效显著等八个方面一级指标是适合作因子分析的。

表 3.5 KMO 和 Bartlett 的检验

取样足够多的 KMO 度量	Bartlett 的球形度检验		
	近似卡方	df	Sig.
0.863	39263.957	55	0.000

由表 3.6、3.7 和 3.8 显示，从浙江县（市、区）政府廉洁反腐的公众感知指标的 8 个一级指标中可以提取两个特征值大于 1 的因子，两因子分别解释了总方差的 38.520% 和 18.273%，累积解释了总方差的 56.792%。

第三章
从清廉评价到"廉能耦合"测度：以浙江为例

表 3.6　公因子方差

	初始	提取
制度完备	1.000	0.728
程序公正 1	1.000	0.593
程序公正 2	1.000	0.476
结果公平 1	1.000	0.547
结果公平 2	1.000	0.279
业务规范	1.000	0.644
作风正派	1.000	0.706
行为正义	1.000	0.727
文化清明 1	1.000	0.517
文化清明 2	1.000	0.329
成效显著	1.000	0.702

提取方法：主成分分析法。

表 3.7　解释的总方差

成分	初始特征值			提取平方和载入		
	合计	方差的 %	累积 %	合计	方差的 %	累积 %
1	4.237	38.520	38.520	4.237	38.520	38.520
2	2.010	18.273	56.792	2.010	18.273	56.792
3	0.973	8.848	65.641			
4	0.769	6.988	72.629			
5	0.581	5.285	77.914			
6	0.563	5.118	83.032			
7	0.547	4.975	88.007			
8	0.421	3.830	91.837			
9	0.348	3.166	95.003			
10	0.298	2.713	97.716			
11	0.251	2.284	100.000			

提取方法：主成分分析法。

表 3.8 成分矩阵[a]

	成分	
	1	2
制度完备	0.689	−0.503
程序公正 1	0.768	−0.059
程序公正 2	0.090	0.684
结果公平 1	0.419	−0.609
结果公平 2	0.439	0.293
业务规范	0.764	0.244
作风正派	0.794	0.275
行为正义	0.786	0.331
文化清明 1	0.696	0.180
文化清明 2	−0.011	0.574
成效显著	0.693	−0.470

注：a.提取方法采用主成分分析法。

3. 数据收集与样本的描述性统计

本次数据来自浙江省的 11 个地级市的 35 个市辖区、20 个县级市、34 个县。我们在浙江财经大学招募生源来自所调研县(市、区)的有调查访问经验的志愿者，对志愿者进行培训之后开展调查工作。调查采用随机抽样方法进行。2015 年 6 月在全省 89 个县(市、区)中每个县域随机抽取 200 个调查对象，共 17800 个调查对象；2015 年 7—9 月开展全面访谈＋问卷调查，当期共回收有效问卷 14000 份，有效访谈样本 13763 份。为保证访谈调查的可比性和可持续性，我们将这 13763 个调查对象予以固定，在 2016—2019 年接受同样的调查，样本的人口统计特征(取 2015 年调查时的初始值)见表 3.9。

第三章
从清廉评价到"廉能耦合"测度：以浙江为例

表3.9 样本的人口统计特征(13763人)

		频数	有效百分比
性别	男	7400	53.8
	女	6363	46.2
年龄	25岁及以下	3332	24.2
	26—45岁	8378	60.9
	46—60岁	1878	13.6
	60岁以上	175	1.3
婚姻	已婚	9018	65.5
	未婚	4745	34.5
学历	小学或以下	823	6.0
	初中	2264	16.4
	高中	3470	25.2
	大专	3440	25.0
	大学或以上	3766	27.4
职业	农业	2014	14.6
	制造业	2197	16.0
	建筑性	1805	13.1
	服务业A	5789	42.1
	服务业B	1958	14.2

在被调查的样本中，男性占53.8%，女性占46.2%；年龄在18—90岁，其中，25岁及以下占24.2%，26—45岁的占60.9%，46—60岁的点13.6%，60岁以上的占1.3%；从学历上看，初中和高中占41.6%，大专以上的占52.4%；从职业上看，从事农业生产的占14.6%，从事服务业A(包括科技服务，文、教、卫、体服务，公共与社会组织、国际组织服务，金融、软件、计算机、信息服务等)的占42.1%，从事服务业B(除服务业A外的其他服务业)的占14.2%，从事其他产业的占29.1%。从样本的人口统计特征可以看出，无论是从婚姻、性别、学历上还是从职业上看，我们的样本具有一定的无偏性。

二、数据计量与信效度检验

我们采用改进的功效系数法对样本数据进行无量纲化,具体表达式为:

$$k_{ij} = \frac{x_{ij} - x_{(s)}}{x_{(h)} - x_{(s)}} \times 40 + 60$$

其中,k_{ij} 为具体的指标得分,x_{ij} 为指标的实际值,$x_{(s)}$ 为指标实际的最小值,$x_{(h)}$ 为实际指标的最大值。

1. 一级指标值计算

我们通过每个具体的二级指标值和因子载荷矩阵的荷载,然后除以特征值的平方根,得到各一级指标值,具体的计算表达为:

$$F_j = \frac{\sum k_{ij} \times l_{ij}}{\sqrt{e}}$$

其中,F_j 为一级指标得分,k_{ij} 为二级指标的均值,l_{ij} 为各二级指标的因子载荷矩阵的荷载,$\sqrt{e}$ 为所得因子特征值的平方根。

例如,程序公平 F_{B1} =(B1 可以随时通过网络查询×0.594+B2 重大项目招投标公开×0.590+B3 政府并没有具体的权力清单×0.394+B4 审计部门在审计时只注重形式×0.637+B5 财务信息根本不公开×0.700)/$\sqrt{1.117}$。

程序公平 F_{B2} =[B1 可以随时通过网络查询×(−0.508)+B2 重大项目招投标公开×(−0.521)+B3 政府并没有具体的权力清单×0.666+B4 审计部门在审计时只注重形式×0.318+B5 财务信息根本不公开×0.205]/$\sqrt{1.117}$。

2. 综合评价计算

我们通过因子分析得到特征值的贡献率作为加权系数求得各

第三章
从清廉评价到"廉能耦合"测度：以浙江为例

指标的综合得分，具体表达式为：

$$K_j = \sum F_j \times W_j$$

其中，K_j 为政府廉洁反腐的综合评价得分，F_j 为一级指标得分，W_j 为因子分析得到特征值的贡献率。

例如，程序公平综合得分为：$K_j =$ 程序公平 $F_{B1} \times 0.35051 +$ 程序公平 $F_{B2} \times 0.22336$。

浙江省县（市、区）政府廉洁反腐的公众感知的综合得分为：$K = F_1 \times 0.38520 + F_2 \times 0.18273$。

由于原始问卷中对问题的陈述是正向与反向穿插的，为了得到"清廉浙江"的公众感知统一数据，我们对问卷进行了统一，把所有的反向型的问题都转化为正向型的问题，如把原问题"我所在县（市、区）的财务信息根本不公开"转换为"我所在县（市、区）的财务信息公开、透明"，把原问题"我所在县（市、区）的企业经常遇到不公正的对待"转换为"我所在县（市、区）的所有企业都受到公正的对待"，并对数据进行重新编码。

3. 信效度检验

由于调查是采用量表形式并且本指标体系是自行开发设计的，因而首先要对量表的品质进行检验，以保证后继分析的可靠性和有效性。检验项目主要包括同源误差检验和信效度水平检验。

我们首先对数据进行同源误差检验，通过 Harman 单因子法对数据同源误差检验发现，第一主成分解释的方差解释量为 19.98%，小于 40%，因此，本数据的同源误差并不是很严重。信度采用 Cronbach's Alpha 的一致性系数。一般认为被测问卷的 Cronbach's Alpha 系数大于 0.7 表示信度很高，介于 0.7 至 0.35 间表示一般，低于 0.35 表示很低。从结果来看（见表 3.3—3.10），我们问卷的制度完备感知(0.594)、程序公正感知(0.513)、结果公平感知(0.426)、业务规范感知(0.545)、作风正派感知(0.588)、行为正义感知(0.666)、文化清明感知(0.446)和成效显著感知(0.408)等八个方面指标的 Cronbach's Alpha 系数都大于0.4,表明我们的问卷是有信度的。

我们采用因子分析法对问卷中测评指标分类的合理性进行检验,通过测量项目的 KMO 测度和 Bartlett 球形度检验结果进行分析。KMO 统计变量的取值在 0 和 1 之间,KMO 值越接近 1,说明变量之间的共同性越多且偏相关性越大,从而因子分析的效果越好;反之则越不适合作因子分析。亨利·凯泽(Henry Kaiser)给出了一个 KMO 的度量标准:0.9 以上非常适合;0.8 适合;0.7 一般;0.6 不太适合;0.5 以下为不适合。结果表明(见表 3.3—3.10),"清廉浙江"的公众感知指标体系中制度完备(0.652)、程序公正(0.623)、结果公平(0.633)、业务规范(0.686)、作风正派(0.685)、行为正义(0.709)、文化清明(0.588)和成效显著(0.574)八个方面的指标都不低于 0.57,可以说,这些二级指标适合进行因子分析;同时,表中 Bartlett 球形度检验统计值的显著性概率为 0.000,小于 0.001,说明数据具有相关性,问卷的设计较为合理。

表 3.10 制度完备的 Cronbach 和 KMO 检验结果

一级指标	Cronbach's	KMO	二级指标
制度完备	0.594	0.652***	我所在县(市、区)的主要领导对反腐败重视不够
			我所在县(市、区)具有严格的反腐败规章制度
			我所在县(市、区)严格执行反腐败法规、制度
			我县(市、区)的媒体经常宣传反腐败措施、方法
			举报我所在县(市、区)的官员腐败行为简单、便捷

表 3.11 程序公正的 Cronbach 和 KMO 检验结果

一级指标	Cronbach's	KMO	二级指标
程序公正	0.513	0.623***	我可以随时通过网络查询所在县(市、区)政府信息
			我所在县(市、区)重大项目招投标公开、公平
			我所在县(市、区)政府并没有具体的权力清单
			我所在县(市、区)审计部门在审计时只注重形式
			我所在县(市、区)的财务信息根本不公开

表 3.12 结果公平的 Cronbach 和 KMO 检验结果

一级指标	Cronbach's	KMO	二级指标
结果公平	0.426	0.633***	我县(市、区)官员腐败行为查实就被司法部门立案
			我所在县(市、区)的官员腐败处罚相对较轻
			我所在县(市、区)的媒体经常报道腐败案件
			我所在县(市、区)的举报行为不会受到任何报复
			我所在县(市、区)的官员一被举报就会受到调查

表 3.13 业务规范的 Cronbach 和 KMO 检验结果

一级指标	Cronbach's	KMO	二级指标
业务规范	0.545	0.686***	我所在县(市、区)的官员没有公车私用现象
			我所在县(市、区)的官员大都依法履职办事
			在我所在县(市、区)办理证照常受到故意刁难
			我所在县(市、区)的企业经常遇到不公正的对待
			我所在县(市、区)的官员参与企业股份现象严重

表 3.14 作风正派的 Cronbach 和 KMO 检验结果

一级指标	Cronbach's	KMO	二级指标
作风正派	0.588	0.685***	我所在县(市、区)"最多跑一次"改革落实不好
			我所在县(市、区)的官员大吃大喝现象严重
			我所在县(市、区)的官员很少有"为官不为"现象
			我所在县(市、区)的官员常出入娱乐会所
			我所在县(市、区)的官员大多都会有婚外情

表 3.15 行为正义的 Cronbach 和 KMO 检验结果

一级指标	Cronbach's	KMO	二级指标
行为正义	0.666	0.709***	我所在县(市、区)的官员经常参与赌博
			我所在县(市、区)的官员常有强行占用他人财物现象
			我所在县(市、区)的官员子女上学都会"走后门"
			我所在县(市、区)的官员利用婚丧嫁娶接受礼金
			我所在县(市、区)的官员家属不上班也在领政府工资

表 3.16 文化清明的 Cronbach 和 KMO 检验结果

一级指标	Cronbach's	KMO	二级指标
文化清明	0.446	0.588***	我所在县(市、区)买官卖官现象非常严重
			我所在县(市、区)的职能部门不配合廉政工作
			我所在县(市、区)不存在"官官相护"的现象
			我所在县(市、区)的职能部门积极配合廉政部门工作
			我所在县(市、区)的官员为自己的亲戚谋取利益是很正常的

表 3.17 成效显著的 Cronbach 和 KMO 检验结果

一级指标	Cronbach's	KMO	二级指标
成效显著	0.408	0.574***	我所在县(市、区)已建立预防腐败信息数据库
			我所在县(市、区)反腐败工作力度很强
			我所在县(市、区)的官员腐败程度比较轻微
			我所在县(市、区)的廉政建设与民生实务改善关系紧密
			我所在县(市、区)的官员正直、清正、廉洁

三、"清廉浙江"的公众感知评价状况(2015—2019)

1. 二级指标评价均值

我们通过对数据的无量纲化处理,计算了"清廉浙江"公众感知指标的最大值、最小值、均值和标准差,具体结果见表3.18。

表3.18 "清廉浙江"二级指标评价结果

序号	问项	有效 N	均值	标准差
A1	我所在县(市、区)的主要领导对反腐败很重视	13718	79.75	9.029
A2	我所在县(市、区)具有严格的反腐败规章制度	13763	81.70	8.757
A3	我所在县(市、区)严格执行反腐败法规、制度	13763	81.13	8.590
A4	我县(市、区)的媒体经常宣传反腐败措施、方法	13718	80.54	9.573
A5	举报我所在县(市、区)的官员腐败行为简单、便捷	13763	80.89	8.919
B1	我可以随时通过网络查询所在县(市、区)政府信息	13763	82.54	9.149
B2	我所在县(市、区)重大项目招投标公开、公平	13763	81.57	8.890
B3	我所在县(市、区)政府有具体的权力清单	13718	78.57	8.314
B4	我所在县(市、区)审计部门在审计中起到防腐作用	13763	80.76	8.527
B5	我所在县(市、区)的财务信息公开、透明	13763	80.68	9.721
C1	我所在县(市、区)的官员腐败行为查实就被司法部门立案	13718	80.57	8.435
C2	我所在县(市、区)的官员腐败处罚得当	13718	78.85	8.806
C3	我所在县(市、区)的媒体经常报道腐败案件	13718	79.55	9.993
C4	我所在县(市、区)的举报行为不会受到任何报复	13718	80.81	8.904
C5	我所在县(市、区)的官员一被举报就会受到调查	13718	80.15	8.424
D1	我所在县(市、区)的官员没有公车私用现象	13763	79.30	9.948
D2	我所在县(市、区)的官员大都依法履职办事	13763	80.66	9.584
D3	在我所在县(市、区)办理证照不会受到刁难	13763	81.63	9.269
D4	我所在县(市、区)的所有企业都受到公正的对待	13763	81.06	8.496
D5	我所在县(市、区)的官员参与企业股份并不严重	13763	81.13	7.966
E1	我所在县(市、区)"最多跑一次"改革进展顺利	13762	81.27	9.811
E2	我所在县(市、区)的官员大吃大喝现象不严重	13763	81.35	8.860
E3	我所在县(市、区)的官员很少有"为官不为"现象	13763	81.02	8.244
E4	我所在县(市、区)的官员很少出入娱乐会所	13763	80.70	10.950
E5	我所在县(市、区)的官员很少会有婚外情	13718	80.87	8.983

(续表)

序号	问项	有效 N	均值	标准差
F1	我所在县（市、区）的官员很少参与赌博	13763	81.67	8.811
F2	我所在县（市、区）的官员没有强行占用他人财物现象	13763	82.94	8.298
F3	我所在县（市、区）的官员子女上学很少会"走后门"	13718	78.03	9.177
F4	我所在县（市、区）的官员并没利用婚丧嫁娶接受礼金	13763	81.13	8.600
F5	我所在县（市、区）的官员家属不存在"吃空饷"现象	13718	80.88	8.852
G1	我所在县（市、区）几乎不存在权钱交易现象	13763	78.71	9.184
G2	我所在县（市、区）的官员人情关系网络并不复杂	13718	78.37	9.552
G3	我所在县（市、区）不存在"官官相护"的现象	13718	77.72	9.498
G4	我所在县（市、区）的职能部门积极配合廉政部门工作	13718	79.09	9.346
G5	我所在县（市、区）的官员很少会为自己的亲戚谋取利益	13718	80.53	10.282
H1	我所在县（市、区）已建立预防腐败信息数据库	13763	80.74	8.831
H2	我所在县（市、区）反腐败工作力度很强	13763	81.24	9.001
H3	我所在县（市、区）的官员腐败程度比较轻微	13718	80.37	8.923
H4	我所在县（市、区）的廉政建设与民生实务关系紧密	13718	78.24	10.598
H5	我所在县（市、区）的官员正直、清正、廉洁	13763	81.02	8.827
有效 N（列表状态）		13718		

从"清廉浙江"公众感知的二级指标上看，对于不同的二级指标，公众有着不同的政府廉洁反腐败的感知结果。在这40个二级指标中，均值最大的为82.94，即二级指标F2"我所在县（市、区）的官员没有强行占用他人财物现象"，B1"我可以随时通过网络查询所在县（市、区）政府信息"的均值为82.54排第二，说明在浙江省，公众感知到浙江县（市、区）政府的信息公开、透明相对于其他方面是非常好的，浙江县（市、区）政府官员比较注重私人财产的概念和保护。均值最小的是G3为77.72，G3的问项为"我所在县（市、区）不存在'官官相护'的现象"，这说明，在浙江，公众并不非常同意"我所

在县（市、区）不存在'官官相护'的现象"这一陈述，在公众看来，他们所在的县（市、区）的官员存在一定的"官官相护"现象。F3"我所在县（市、区）的官员子女上学很少会'走后门'"的均值也比较低，为78.03，这是一个反向测量题，表明在公众看来，他们所在区域的官员利用自己资源为小孩上学"开后门"的现象较为明显。

40个二级指标的总均值为80.44。其中，在40个二级指标中，有27个指标的均值大于总均值，包括指标B1"我可以随时通过网络查询所在县（市、区）政府信息"、F2"我所在县（市、区）的官员没有强行占用他人财物现象"、A2"我所在县（市、区）具有严格的反腐败规章制度"等，这表明相对于其他政府廉洁反腐败的陈述感知，这些陈述得到公众的认可度比较高。有13个二级指标的均值小于总均值，包括指标H4"我所在县（市、区）的廉政建设与民生实务关系紧密"、G2"我所在县（市、区）的官员人情关系网络并不复杂"、G3"我所在县（市、区）不存在'官官相护'的现象"等，这表明相对于对其他二级指标的同意程度，公众对这些二级指标的同意程度比较低，这也意味着，县（市、区）政府在这些方面比其他方面更需努力改善。具体地说，公众感觉到廉政建设与民生实务改善之间还需要更加紧密、官员为子女"开后门"的现象还较为严重等。

2. 一级指标评价均值

我们通过"清廉浙江"公众感知的各二级指标的得分相加除以测量题项数得到的商，用这一商值来表示各年度一级指标得分，再取五年均值进行比较，结果见表3.19。各一级指标得分由高到低为：作风正派、行为正义、程序公正、业务规范、制度完备、成效显著、结果公平、文化清明。

表 3.19 "清廉浙江"公众感知一级指标综合评价结果

	制度完备	程序公正	结果公平	业务规范	作风正派	行为正义	文化清明	成效显著
分值	80.684	80.888	80.028	80.736	81.103	80.974	78.671	80.342
排名	5	3	7	4	1	2	8	6

在8个一级指标中,得分最高的是"作风正派"指标,得分为81.103,这表明,2015—2019年,在浙江省各县(市、区),公众对政府及其工作人员在执行公务时作风正派的感知是最好的。更具体地说,在"'最多跑一次'改革进展不顺利""官员大吃大喝现象""官员出入娱乐场所"和"官员婚外情"等方面的问题公众感知不明显。这表明5年来,浙江省"反四风"和"'最多跑一次'改革"对公职人员的作风改善成效最为显著。得分最低的是公众对"文化清明"的感知,得分为78.671,这表明,相对于其他各一级指标而言,浙江省公众对"文化清明"的感知并不明显。更具体地说,公众较多地感知到"职能部门被动配合廉政建设""人情关系网络""官官相护""官员为自己的亲戚谋取利益"等现象。这表明,清廉评价与建设是一个长期的过程,不仅与廉政制度健全、行为改进相关,更与行政文化和公民文化的健康进步密切相关。同时,5年来,"清廉浙江"建设各评价指标间的均值差异不大,最大差也只有2.432,说明"清廉浙江"建设是比较同步的。

3. 一级指标评价结果年度变化

我们通过"清廉浙江"公众感知的各个一级指标的年度得分变化来观察"清廉浙江"建设成效的稳定性和变化轨迹,具体结果见表3.20和图3.1。

表 3.20 "清廉浙江"公众感知一级指标变化情况

一级指标	年度				
	2015	2016	2017	2018	2019
制度完备	81.60	81.95	80.09	81.93	83.24
程序公正	80.14	80.93	80.74	80.29	83.98
结果公平	79.57	80.83	80.22	78.80	80.07
业务规范	80.10	80.76	80.72	81.55	82.60
作风正派	79.93	80.51	81.22	80.48	83.87
行为正义	79.98	81.07	81.79	80.41	83.15
文化清明	78.94	78.24	78.13	78.39	79.23
成效显著	79.44	79.84	79.71	80.28	82.22

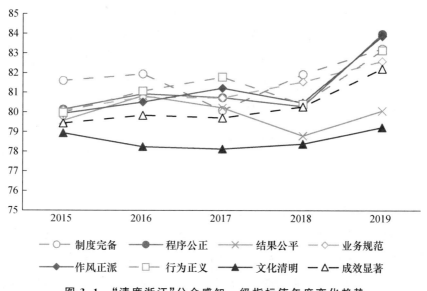

图 3.1 "清廉浙江"公众感知一级指标值年度变化趋势

（1）公众对全省各县（市、区）政府廉洁反腐败的总体评价从比较满意提升到满意等级。以调查最末一年（2019）计算，8 个一级指标中有 7 个的均值超过 80 分，按透明国际的估值方法，浙江省已全面达到或接近比较清廉的等级。公众对全省各县(市、区)政府廉洁反腐败工作给予满意和比较满意的评价比率高达94.71%。

(2)各县(市、区)在贯彻执行中央"全面从严治党"和省委建设"清廉浙江"的精神上步调比较一致,行动整齐有力。不但各县(市、区)政府廉洁反腐败的公民感知水平都比上一年有明显提高,而且县(市、区)级平均差进一步缩小至±2.79,地市级平均差在±0.63以内。这说明,公众感知到浙江省各县(市、区)党风政风持续向好态势具有全面性、普遍性和持续性。"清廉浙江"评价的各项指标总体变化趋势是抬高的。各项指标2019年的评估值都是最高的,虽然中间每个指标都有1—2个年份有反复。

(3)2017—2018年各项指标都出现不同程度的波动。由于各项清廉建设的举措已持续推进3—4年,"清廉浙江"建设面临干部正风疲劳与公众对正风"审美"疲劳叠加的内外环境挑战,"作风正派""行为正义"两项指标的评估得分不升反降。在调查中发现,不少干部群众感知到反"四风"工作开展至今已有一段时间,部分机关及其工作人员对清廉建设产生了一定的疲劳和麻木。

(4)"清廉浙江"建设工作端的进展还未传导到成效端。"清廉浙江"建设与增加公众获得感尚未完美对接,从5年评价结果的变化趋势看,制度完备、程序公正、行为正义、作风正派和业务规范五项清廉建设的基础性指标得分高于结果公平、成效显著和文化清明这三项展示清廉建设输出端的指标。调查中发现,公众(特别是青年人)对所在地方清廉建设的评价好感越来越从单纯的作风改善向境遇改善转变,越来越看重清廉建设给他们就业、创业和生活条件带来的改善成效。但调查表明,仍有31.3%的民众感知到当地存在廉洁反腐与改善民生"两张皮"现象。城市居民对紧俏地区新房交易信息公示、农村居民对农村集体建设用地使用信息和扶贫信息公示质疑率较高。如何赢得更多青年人对政府清廉建设工作的好评是浙江省各县（市、区）廉政建设需要思考的重要课题。

第二节
浙江省典型县域干部"廉能耦合"测度（2017—2019）

一、研究设计

干净与担当结合是保证人民群众从正风反腐中得到更多实惠的组织保障。干部"廉能耦合"发展是"全面从严治党，不断提高党的执政能力和领导水平"重要命题的一体两面，"廉能耦合"即干部"廉政"与"能政"良性耦合、相向并行。党的十九大报告明确指出，党的干部是党和国家事业的中坚力量，要"旗帜鲜明为那些敢于担当、踏实做事、不谋私利的干部撑腰鼓劲"，各级党组织要关心爱护基层干部，主动为他们排忧解难。但在实践中却存在一定程度的"廉政"与"能政"背反现象，"能人腐败"与"庸人履职"犹如按下葫芦浮起瓢，严重影响党的"四个全面"战略布局和"五位一体"总体布局的贯彻实施。如何促进干部清正廉洁与勇于担当实现良性耦合正是十九大报告提出要严管和厚爱相加，完善激励和约束并重的干部考核评价机制的精神内核所在，也是新时代清廉评价与建设的新标尺。①

"廉政"与"能政"是经济新常态和反腐败压倒态势两大背景对干部履职要求的一体两面。但是，在长期的强政绩激励下，中国相当一部分地区和干部存在"唯政绩"意识，逾越原则底线的"能人腐

---

① 黄涛：《让获得感成为正风反腐新标尺》，http://fanfu.people.com.cn/n1/2017/0503/c64371-29251805.html，2020年6月20日访问。

败"现象愈演愈烈。另外,在高压反腐败制度背景下,一些干部选择了"为官不为"的消极避责之路。"能人腐败"和"为官不为"的"跷跷板"现象成为新时代中国廉政评价和建设的新难题。为此,本书以干部"廉能耦合"作为清廉评价与建设的新思维,以促进干部"廉政"与"能政"良性耦合关系以及相关机制与路径为研究对象,以耦合理论及耦合度与协同度测量方法为研究工具,通过比较单向度的清廉评价与干部"廉能耦合"状况测度的差异,探索改变单纯的政绩评价和清廉评价体系,为新时代清廉评价与建设提出学理思考和资政建议。

1. "廉政""能政"综合评价模型

干部"廉政""能政"综合评价水平可以运用线性加权法进行计算,即先要确定"廉政""能政"评价系统的功效贡献,换言之,要先确定这两个系统内部各要素对综合系统的贡献方向。设变量 U_i($i=1,2,\cdots,m$)是"廉政"—"能政"的序参量,那么 U_{ij} 就是第 i 个序参量的第 j 个指标,其值为 X_{ij}($j=1,2,\cdots,n$),a_{ij}、b_{ij} 分别是系统临界点上序参量的最大值和最小值。① 若 X_{ij} 的值越大,说明该指标对系统具有正功效贡献,数值越大越好;反之具有负功效贡献,数值越小越好。"廉政"与"能政"评价系统的功效函数可表示为②:

$$U_{ij} = \begin{cases} (X_{ij} - \beta_{ij})/(\alpha_{ij} - \beta_{ij}), & U_{ij} \text{ 具有正功效} \\ (\alpha_{ij} - X_{ij})/(\alpha_{ij} - \beta_{ij}), & U_{ij} \text{ 具有负功效} \end{cases} \quad \text{公式(3-1)}$$

式中,U_{ij} 为变量 X_{ij} 对系统的功效贡献大小,特点为 U_{ij} 越接近

---

① 刘耀彬、李仁东、宋学锋:《中国城市化与生态环境耦合度分析》,载《自然资源学报》2005年第1期。
② 何成进:《安徽旅游产业与区域经济发展关系研究——基于耦合协调度视角》,安徽大学2013年硕士学位论文。

于0贡献越小,功效最不满意;U_{ij}越接近于1贡献越大,功效最满意,$0 \leqslant U_{ij} \leqslant 1$。本书采用线性加权法评价"廉政""能政"综合水平,其计算公式为:

$$U_i = \sum_{i=1}^{m} w_{ij} U_{ij}, \quad \sum_{i=1}^{m} w_{ij} = 1 \qquad 公式(3\text{-}2)$$

式中,U_i为第i个系统的总功效;U_{ij}为描述第i个系统中第j项指标达到目标的满意程度;w_{ij}为第i个系统中第j项指标的权重;m为第i个系统的指标数。指标权重的确定采用比较客观的熵值赋权法,本书研究的是"廉政"系统和"能政"系统,用U_1来反映干部"廉政"系统综合评价水平,用U_2反映干部"能政"系统综合评价水平。若U_1测算数值越大,说明干部"廉政"水平越高,政府清廉度越高;反之,干部"廉政"水平越差,腐败现象越严重。同理,若U_2测算数值越大,说明干部"能政"水平越高,政府综合治理能力越好;反之,则说明干部"不能政""慵懒散"现象突出,有待进一步规制。

2. 熵值赋权法

标准化处理:由于"廉政"和"能政"子系统中的指标所采用的计量单位不相同,所以首先要对原始数据进行无量纲化处理。本书采用极值法对原始数据进行标准化处理,标准化处理公式为[①]:

$$X'_{ij} = \frac{X_{ij} - \min\{X_{ij}\}}{\max\{X_{ij}\} - \min\{X_{ij}\}} \qquad 公式(3\text{-}3)$$

式中,X_{ij}是第j个指标在第i个系统的原始指标,$\min\{X_{ij}\}$是指标最小取值,$\max\{X_{ij}\}$为指标最大取值。X_{ij}是第j个指标在第i个系统里的无量纲化值,$X'_{ij} \in [0, 1]$。

---

① 王新越:《我国旅游化与城镇化互动协调发展研究》,中国海洋大学2014年博士学位论文。

确定指标权重：熵值赋权法是从各个指标的实际数据中得出最优权重的方法类型，据此方法能够较充分地映射指标信息及其在系统中的价值，在一定程度上避免了主观赋值带来的数据偏差，使所得最终权重客观而可信。具体计算公式如下[①]：

无量纲化处理后的数据的非负化处理：

$$X'_{ij} = \frac{X_{ij} - \min\{X_{ij}\}}{\max\{X_{ij}\} - \min\{X_{ij}\}} + 0.01 \qquad 公式（3-4）$$

计算第 j 项指标熵值 e_j：

$$e_j = \frac{1}{\ln n}\sum_{i=1}^{n} p_{ij}\ln p_{ij}, \quad j=1,2,3,\cdots,m \qquad 公式（3-5）$$

式中，p_{ij} 是第 j 项指标第 i 个系统的数值所占该指标的比重，且

$$p_{ij} = X'_{ij} \Big/ \sum_{i=1}^{n} X'_{ij}, \quad i=1,2,3,\cdots,n; j=1,2,3,\cdots,m$$

$$公式（3-6）$$

第 j 项指标的差异系数（差异度）为：

$$g_j = 1 - e_j \qquad 公式（3-7）$$

最后确定第 j 项指标的权重 w_j：

$$w_j = g_j \Big/ \sum_{j=1}^{m} g_j, \quad j=1,2,3,\cdots,m; w_j \in [0,1]$$

$$公式（3-8）$$

3. 耦合度模型

耦合度模型即耦合函数，是借鉴物理学中多个系统间产生相互

---

① 陈怡宁：《耦合视角下的旅游城市成长理论与实证研究》，北京交通大学 2014 年博士学位论文。

促进或者制约的耦合系数模型来描述系统之间相互影响的程度,表达式为[①]:

$$C_n = \{(U_1 \times U_2 \times U_3 \times \cdots U_n)/(U_1+U_2+U_3+\cdots U_n)^n\}^{1/n}$$

公式(3-9)

其中,n 代表模型中系统的数量,C_n 代表 n 个系统的耦合度。由于本书研究的是干部"廉政"和"能政"两者之间的耦合状况,故此时 $n=2$。所以,干部"廉能"耦合度模型为:

$$C = \{(U_1 \times U_2)/(U_1+U_2)^2\}^{1/2} \quad 公式(3\text{-}10)$$

式中,C 为耦合度,且 $0 \leqslant C \leqslant 1$;$C$ 值越大,U_1、U_2 之间的离散度越小,耦合程度越高;C 值越小,U_1、U_2 之间的离散度越大,耦合程度越低。U_1、U_2 分别代表干部"廉政"和"能政"的综合评价水平。

4. 协调耦合度模型及等级划分

耦合度多是强调系统与系统之间相互影响程度的大小,能较好地把握系统整体发展态势的一致性程度,但只依靠耦合度来度量两个子系统耦合的整体功效,很容易产生偏差。干部"廉政"和"能政"彼此间的影响是动态的、交错的且是非均衡的过程,为了能够反映两系统之间真实的协调关系,有必要引入"廉政"与"能政"系统综合评价指数 T 来构建协调耦合度模型:

$$D = \sqrt{C \times T} \quad 公式(3\text{-}11)$$
$$T = \alpha U_1 + \beta U_2 \quad 公式(3\text{-}12)$$

式中 D 为协调耦合度;C 为协调度;T 为两系统综合评价指数,

[①] 王毅、丁正山、余茂军等:《基于耦合模型的现代服务业与城市化协调关系量化分析——以江苏省常熟市为例》,载《地理研究》2015 年第 1 期。

能够综合反映干部"廉政"和"能政"的整体协调效应；α、β为待定系数且$\alpha+\beta=1$。经查阅相关文献，考虑到干部"廉政"与"能政"评价各子系统在相互作用中重要性相等，因此在本书中，$\alpha=\beta=0.5$。协调耦合度D的取值范围为：$D\in[0,1]$。根据已有的耦合度研究成果，耦合度与协调耦合度类别划分的标准如表3.21所示[①]：

表3.21　耦合度与耦合协调度类别及其划分标准

C取值范围	耦合所处阶段	D取值范围	协调耦合度所处阶段
$0<C\leqslant0.3$	低水平耦合阶段	$0<D\leqslant0.3$	低度协调耦合阶段
$0.3<C\leqslant0.5$	拮抗阶段	$0.3<D\leqslant0.5$	中度协调耦合阶段
$0.5<C\leqslant0.8$	磨合阶段	$0.5<D\leqslant0.8$	高度协调耦合阶段
$0.8<C\leqslant1.0$	高水平耦合阶段	$0.8<D\leqslant1.0$	极度协调耦合阶段

二、模型选择依据与数据来源

1. 典型县域筛选

为了提高公职人员"廉政"与"能政"耦合测度的精准性、代表性，同时由于耦合测度采取客观量化与清廉感知评价采取的主观评价方法不同，需要对测度对象的指标涵盖数据进行全面梳理，要作全省测度不仅工作量大，而且测度结果的针对性不强。因此，本书选择浙江10个典型县域作为测度对象。具体筛选原则是：（1）水平代表性，既能代表"清廉浙江"建设水平的好、中、差层次，又能代表浙江经济社会综合发展的好、中、差层次；（2）地域代表性，由于干部的"廉""能"与地区环境和文化关联度高，因此，选取的测度对

[①] 王少剑、方创琳、王洋：《京津冀地区城市化与生态环境交互耦合关系定量测度》，载《生态学报》2015年第7期。

第三章
从清廉评价到"廉能耦合"测度：以浙江为例

象要兼顾一定的区域散布性。具体筛选步骤是：(1) 从近5年"清廉浙江"评价结果中分别选取排名前20%(18个县域)、中间20%(18个县域)和末尾20%(18个县域)共54个县域作为"廉"的代表性研究候选对象；(2) 从浙江经济社会发展指数排名中，依前面的方式也挑选54个县域作为"能"的代表性研究候选对象；①(3) 从两组候选县域中按照"廉"与"能"高中低任意重合的县域作为初选候选县域，得到14个县域；(4) 地区结构化筛选，按照浙北、浙中、浙南3个区域分布，选择最终"廉""能"耦合测度的10个县域，其中浙北3个县域，浙中4个县域，浙南3个县域，分别标号为浙北1、浙北2、浙北3、浙中1、浙中2、浙中3、浙中4、浙南1、浙南2和浙南3。

2. 模型选择依据

从地质学、环境科学以及物理学等多学科的研究中发现，耦合测度模型的适用前提在于两个或多个系统是否达到"可耦合"的要求和条件。基于耦合理论，多个系统之间发生耦合需要满足四个主要条件，即关联性、耦合的整体性、耦合的多样性以及耦合的协调性。在干部"廉政"和"能政"评价系统中，二者的内在关系就天然蕴含且满足可耦合的各类条件：

(1) 中国干部考核体系中的五个子系统"德、能、勤、绩、廉"是相互关联的。实践证明，"绩"的大小与"德""能""勤"成正相关关系，在考核工作人员之"绩"的过程中，关键是考核其履行职责情况、完成工作任务情况，数量、质量、效益、成果的水平等情况。古语中

---

① 由于县域经济社会发展水平较多与县域人口、经济规模、区域资源禀赋等非努力性元素关联紧密，本书以官方于2020年公布的县域数字经济水平作为经济社会发展排名的遴选参照标准。参见甘居鹏：《2020浙江县域数字经济发展影响力指数4月榜：城市大脑探索城市数字治理》，http://de.zjol.com.cn/media/202004/t20200430_11927692.shtml，2020年6月20日访问。

的"公则生明,廉则生威""其身正,不令而行;其身不正,虽令不从",都说明"廉""德"之间存在正相关关系。

（2）"廉政""能政"评价子系统"德、能、勤、绩、廉"互相存在促进和抑制因素,且整体性特征就落在对每个干部的考评上,排斥碎片化考评。"德"是核心,"德"的地位处在"首要"位置;"能"是本领,能的地位处在"重要"位置;"勤"是态度,是对本职岗位事业勤奋敬业的态度;"绩"是成果,是考核的重点和"落脚点";"廉"是操守,是开展工作的人格保障。

（3）干部"廉政"和"能政"激励及其评价系统之间相关联的要素存在相互依存、相互促进的正外部性影响以及相互制约、相互摩擦的负外部性关系,从纵向上分别表现为"廉""能"极度协调耦合、高度协调耦合、中度协调耦合与低度协调耦合。同样地,这种相互促进和彼此抑制在横向上又表现为目标、过程、手段、评价等多阶段、多形式的耦合。因此,"廉""能"耦合在协调性和多样性两个层面亦是满足可耦合条件的。

3. 数据来源

为保证研究的真实性和有效性,本项测度选取的数据来源可靠。数据中仅有 1 项地区反腐败力度感知为主观指标,采用已公开出版发布的《浙江省县（市、区）政府廉洁反腐败的公众感知评估报告》中各测度县域的 5 年评价均值。其余 17 项指标的数据均为客观数据,其中,4 项测度"廉"和 2 项测度"德"及测度"勤"的指标数据主要取自 2017—2019 年的"清廉浙江网"、被测度各县区的廉政网、法院和检察院年度工作报告;4 项测度"能"和 2 项测度"勤"的指标数据主要取自"浙江政务服务网"和被测度县域政府官网公开数据;4 项测度"绩"的指标数据全部取自《浙江统计年鉴》和被测度县域统计月报及年度统计报告。

三、指标体系构建

1. 指标选取

(1) 比较初选。主要是通过查阅国内外相关文献,全面综合比较国内外有影响的清廉评价体系和方法,取其精华,确定客观评价与主观评价相结合的指标维度。干部"廉政"与"能政"评价系统之间存在着复杂的非线性关系,二者在相互制约和促进过程中影响因素较多,因而不可借用单一的指标进行定量分析。通过参考干部考核法、各类发展公报、统计年鉴中所采用的有关干部"廉能"考核的指标体系,并吸收已有学者研究成果中提及的评价指标体系内容,如笔者在《浙江省县(市、区)政府廉洁反腐败的公众感知评估报告》中设计的官员廉洁度评价指标[1]、周省时在政府绩效研究过程中构建的"三位一体"式的评价指标[2]、范柏乃等针对韩国政府干部能政评估体系进行的研究[3]以及周志忍对中国绩效管理体系反思[4]等研究成果,依循科学有效性、代表性、可行性、可获得性等原则,在论述干部"廉政"与"能政"相互作用机理基础之上,构建了符合浙江省典型县域干部"廉能"综合评价初拟指标体系,合计40项评价指标。

(2) 调查筛选。根据持续5年深入浙江省90个县区调查观察

---

[1] 郭剑鸣、裴志军:《浙江省县(市、区)政府廉洁反腐败的公众感知评估报告(2016年度)》,红旗出版社2017年版,第75—94页。

[2] 周省时:《基于平衡计分卡的中国县级政府绩效管理体系研究》,武汉大学2013年博士学位论文。

[3] 范柏乃、程宏伟、张莉:《韩国政府绩效评估及其对中国的借鉴意义》,载《公共管理学报》2006年第2期。

[4] 周志忍:《我国政府绩效管理研究的回顾与反思》,载《公共行政评论》2009年第1期。

政府反腐、廉政建设的实践经验,我们紧紧围绕"增加公众获得感"这个中心,把反腐败与谋发展有机结合起来,从最能代表"廉政"和"能政"两个维度的属性和评价可得性的角度,将干部考核中的"德、能、勤、绩、廉"设定为 5 个一级指标,其中,"德"和"廉"归类到"廉政"维度,"能""勤"和"绩"归类到"能政"维度。将 40 项初选指标分别发送给同行专家和县级纪委工作人员进行一轮背靠背筛选,将重复率作为重要性程度标准,由高到低取前 30 个指标作为再筛选候选指标。

(3)反复论证终选。将初选的 30 个"廉能耦合"测度指标发放给廉政建设研究的专业人士、地方廉政建设工作人员、不同层面的公众,根据他们给出的意见和建议开展 3 次德尔菲法删减、增补或替换;再采用拦截调查的方法了解一部分公众的看法,进行信度和合理性分析,剔除不合适的指标,最后通过组织式调查和专家访谈来对指标进行修改,并最终确定本指标体系,包括 2 个维度、5 个一级指标、18 个二级指标,如表 3.22 所示。

表 3.22 干部"廉政"和"能政"耦合评价指标体系

耦合系统	指标类型	符号	评价指标	符号	指标属性
廉政	廉	A1	个人财产申报不实的官员数	A11	负指标
			审计发现的干部违规违纪案件数	A12	负指标
			群众对腐败举报数	A13	负指标
			近三年腐败涉案人数占行政总人数比例	A14	负指标
			地区反腐力度感知	A15	正指标
	德	A2	被查处的干部生活腐化案件数	A21	负指标
			不良社会征信记录率	A22	负指标

第三章 从清廉评价到"廉能耦合"测度:以浙江为例

(续表)

耦合系统	指标类型	符号	评价指标	符号	指标属性
能政	能	B1	干部每月人均公共事务处理件数	B11	正指标
			干部业务能力测试合格率	B12	正指标
			因管理或服务质量被投诉件数	B13	负指标
			干部文化程度在本科及以上人数占比	B14	正指标
	勤	B2	政府各部门月平均出勤率	B21	正指标
			各部门公共事务治理方案创新总数	B22	正指标
			被查处的消极履职干部数	B23	负指标
	绩	B3	人均 GDP	B31	正指标
			人均公共绿地面积	B32	正指标
			每万人病床数	B33	正指标
			每万人犯罪率	B34	负指标

干部"廉政"评价系统依照干部考核要求的"德、廉"两大方面选取 7 个指标:个人财产申报不实的官员数、审计发现的干部违规违纪案件数、群众对腐败举报数、近三年腐败涉案人数占行政总人数比例、地区反腐力度感知、被查处的干部生活腐化案件数和不良社会征信记录率,这 7 项指标均取自《清廉浙江评价指标体系》中权重较大的指标。[①] 而干部"能政"评价系统则本着对领导干部要求的"能、勤、绩"三大方面选取 11 个指标。其中,"能"主要由代表干部基本能力素质和行为能力素质两部分构成,干部基本能力素质由干部文化程度在本科及以上人数占比和干部业务能力测试合格率表示,干部行为能力素质由干部每月人均公共事务处理件数和因管理或服务质量被投诉件数表示;"勤"主要由政府各部门月平均出勤

---

① 浙江省纪委省监委研究室编:《着力打造清正廉洁的浙江样板》,2019 年 12 月。

率、各部门公共事务治理方案创新总数和被查处的消极履职干部数表示,分别反映被测度县域干部基本出勤、担当出勤和消极出勤三类情况;"绩"的指标根据中央"五位一体"总体布局的要求设置,其中,政治发展主要由"廉"和"德"表示,考虑到"廉"和"德"已经有7项指标,这里就不再设专门的指标。其他四个方面,即经济发展、社会治理、文化进步和生态文明分别由县域人均GDP、每万人犯罪率、每万人病床数和人均公共绿地面积表示。由于"廉"和"德"主要为约束性考核,所以主要设计为负向指标,而"能""勤"和"绩"主要为激励性考核,所以在考核计量中主要设计为正向指标。

2. 指标数据标准化

对整理所得的干部"廉政""能政"评价系统各指标原始数据通过公式(3-3)进行标准化处理,10个县域原始数据标准化后的结果如表3.23所示:

表3.23 浙江典型县域干部"廉政"和"能政"耦合评价指标及标准化数据

指标体系			浙北3	浙南3	浙中3	浙中4	浙中1
廉政	廉	个人财产申报不实的官员数	0.0001	0.0024	0.1001	0.7996	0.3454
		审计发现的干部违规违纪案件数	0.0101	0.1117	0.0210	0.0089	0.5023
		群众对腐败举报数	0.2310	0.0010	0.0003	0.0409	1.0000
		近三年腐败涉案人数占行政总人数比例	0.0035	0.0412	0.0070	0.5250	0.3317
		地区反腐力度感知	0.0218	0.0065	0.1444	0.3057	0.8556
	德	被查处的干部生活腐化案件数	0.0025	0.0287	0.0302	0.6322	0.8291
		不良社会征信记录率	0.0042	0.0001	0.0012	0.4848	0.1569

第三章 从清廉评价到"廉能耦合"测度：以浙江为例

（续表）

指标体系			浙北3	浙南3	浙中3	浙中4	浙中1
能政	能	干部每月人均公共事务处理件数	0.5684	0.4983	0.5452	0.0064	0.0367
		干部业务能力测试合格率	0.1470	0.2158	0.0256	0.0000	0.0524
		因管理或服务质量被投诉件数	0.0059	0.0061	0.0106	0.1022	0.0106
		干部文化程度在本科及以上人数占比	0.6990	0.7033	0.6251	0.0002	0.8454
	勤	政府各部门月平均出勤率	0.5784	0.4568	0.2424	0.0202	0.1126
		各部门公共事务治理方案创新总数	0.3528	0.0669	0.2314	0.0055	0.0499
		被查处的消极履职干部数	0.1547	0.2291	0.0996	0.0002	0.0896
	绩	人均GDP	0.4280	0.1702	0.1416	0.1511	0.0718
		人均公共绿地面积	0.1655	0.2985	0.3595	0.2033	0.8926
		每万人病床数	0.4948	0.6261	0.0013	0.0016	0.0025
		每万人犯罪率	0.2499	0.3221	0.6331	0.0029	0.0959
廉政	廉	个人财产申报不实的官员数	0.0527	0.2599	0.0003	1.0000	0.0865
		审计发现的干部违规违纪案件数	0.2196	0.2045	0.0211	0.9781	0.0650
		群众对腐败举报数	0.3256	0.7341	0.0000	0.0998	0.2008
		近三年腐败涉案人数占行政总人数比例	0.0433	0.2362	0.0001	0.5636	0.0246
		地区反腐力度感知	0.0429	0.9534	0.0000	0.8355	0.0211
	德	被查处的干部生活腐化案件数	0.7221	0.8963	0.2254	0.3925	0.0005
		不良社会征信记录率	0.1562	0.5698	0.0002	0.4281	0.0522
能政	能	干部每月人均公共事务处理件数	0.0040	0.0537	0.2037	0.3331	0.4112
		干部业务能力测试合格率	0.0010	0.0029	0.4253	0.8853	0.0198
		因管理或服务质量被投诉件数	0.0002	0.0094	0.1002	0.8696	0.3584
		干部文化程度在本科及以上人数占比	0.0001	0.0852	0.1577	0.4418	0.5869
	勤	政府各部门月平均出勤率	0.0052	0.0654	0.4963	0.8822	1.0000
		各部门公共事务治理方案创新总数	0.2215	0.4263	0.8006	1.0000	0.0885
		被查处的消极履职干部数	0.0002	0.0040	0.6635	0.0330	0.2291
	绩	人均GDP	0.0081	0.1763	0.1551	0.3563	0.3355
		人均公共绿地面积	0.8595	0.4033	0.2843	0.1258	0.0985
		每万人病床数	0.0458	0.0952	0.3264	0.8631	0.1849
		每万人犯罪率	0.0002	0.3455	0.0064	0.6533	0.4008

3. 确定权重

咨询相关专家意见并参考相关文献,根据公式(3-4)—公式(3-8),计算浙江典型县域干部"廉政"和"能政"评价系统各指标的权重,结果如表 3.24 所示。

表 3.24　浙江典型县域干部"廉政"和"能政"耦合评价指标及权重

耦合系统	指标类型	权重	评价指标	权重
廉政	廉	0.71	个人财产申报不实的官员数	0.1435
			审计发现的干部违规违纪案件数	0.1412
			群众对腐败举报数	0.1438
			近三年腐败涉案人数占行政总人数比例	0.1465
			地区反腐力度感知	0.1455
	德	0.29	被查处的干部生活腐化案件数	0.1406
			不良社会征信记录率	0.1389
能政	能	0.41	干部每月人均公共事务处理件数	0.1123
			干部业务能力测试合格率	0.0938
			因管理或服务质量被投诉件数	0.0891
			干部文化程度在本科及以上人数占比	0.1016
	勤	0.23	政府各部门月平均出勤率	0.0875
			各部门公共事务治理方案创新总数	0.0694
			被查处的消极履职干部数	0.0702
	绩	0.36	人均 GDP	0.1098
			人均公共绿地面积	0.0953
			每万人病床数	0.0912
			每万人犯罪率	0.0798

在综合评价干部"廉政"与"能政"的耦合度及其协调程度时,本书依循将各个评价子系统的综合评价指数和耦合协调度指数进行加权求和的方法,结合熵值赋权法将干部"廉政"评价体系中子系统"廉、德"的权重分别定为 0.71、0.29,将干部"能政"评价体系中子系统"能、勤、绩"的权重分别定为 0.41、0.23 和 0.36。

第三章
从清廉评价到"廉能耦合"测度：以浙江为例

四、耦合度及协调耦合度测算

1. 浙江省典型县域干部"廉能"综合评价水平及指数

开展干部"廉能"耦合度及其协调度首先要计算干部"廉政"与"能政"综合评价水平，综合评价水平不仅可以在横向上反映10个县域"廉能"状况，同时也能映射在纵向上激励机制实施的成效。从表3.3和表3.4已知10个县域"廉政""能政"评价指标的标准化数值和权重，依据公式(3-1)—(3-2)，计算得出10个县域干部的"廉政"和"能政"综合评价水平；前文提到，考虑到干部"廉政"与"能政"综合评价各子系统在相互制约、相互促进过程中具有同等重要地位，因此在计算干部"廉能"综合评价指数时一般令 a、b 均取 0.5。参考公式(3-11)、公式(3-12)计算干部"廉能"综合评价指数。"廉政""能政"综合评价水平及"廉能"综合评价指数计算结果如表3.25所示。

表 3.25 浙江典型县域干部"廉""能"综合评价水平及综合评价指数

地区	U_1(廉政)	U_2(能政)	T
浙北 3	0.1393	0.4617	0.2005
浙南 3	0.1273	0.3456	0.1865
浙中 3	0.1438	0.3060	0.2249
浙中 4	0.3995	0.3428	0.3712
浙中 1	0.5756	0.1333	0.3544
浙南 1	0.2212	0.1205	0.1209
浙南 2	0.5502	0.1154	0.3328
浙北 1	0.1347	0.3516	0.1932
浙中 2	0.6147	0.6081	0.6114
浙北 2	0.1645	0.4966	0.2806

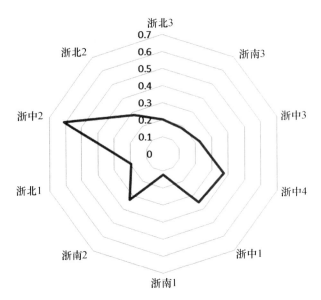

图 3.2　浙江典型县域干部"廉""能"综合评价水平差异雷达图

2. 浙江典型县域干部"廉能"耦合度与协调耦合度

干部"廉政"评价系统与"能政"评价系统的耦合度是建立在二者的综合评价水平基础之上的。而协调耦合度的大小主要是反映干部"廉政"与"能政"之间是否存在关系，关系是否协调，由于二者之间的关系是建立在耦合度及综合评价指数的基础之上的，因而更能客观准确反映"廉""能"两个系统之间的协调发展关系。根据公式(3-9)—(3-12)，得到浙江省典型县域干部"廉能"耦合水平和"廉能"协调耦合程度，结果如图3.2、表3.26所示。

表 3.26 浙江省典型县域"廉能"耦合度及协调耦合水平

地区	C	所处耦合阶段	D	所处协调耦合阶段
浙北 3	0.2972	低水平耦合阶段	0.2441	低度协调耦合阶段
浙南 3	0.2600	低水平耦合阶段	0.2202	低度协调耦合阶段
浙中 3	0.2966	低水平耦合阶段	0.2583	低度协调耦合阶段
浙中 4	0.3957	拮抗阶段	0.3758	中度协调耦合阶段
浙中 1	0.3908	拮抗阶段	0.3724	中度协调耦合阶段
浙南 1	0.2786	低水平耦合阶段	0.1835	低度协调耦合阶段
浙南 2	0.3785	拮抗阶段	0.3549	中度协调耦合阶段
浙北 1	0.2864	低水平耦合阶段	0.2352	低度协调耦合阶段
浙中 2	0.5004	磨合阶段	0.5531	高度协调耦合阶段
浙北 2	0.3188	拮抗阶段	0.2991	低度协调耦合阶段

表 3.26 中,浙北 3、浙南 3、浙中 3、浙南 1、浙北 1 五地的 C 值都在 $(0,0.3]$ 之间,即干部"廉能"耦合程度为低水平耦合;浙中 4、浙中 1、浙南 2、浙北 2 四地的 C 值在 $(0.3,0.5]$ 之间,四地的"廉能"耦合程度为拮抗阶段;浙中 2 干部"廉能"耦合水平较高,C 值为 0.5004,属于磨合阶段。浙北 3、浙南 3、浙中 3、浙南 1、浙北 1 和浙北 2 的 D 值在 $(0,0.3]$ 之间,干部"廉能"协调耦合阶段处于低度水平;浙中 4、浙中 1、浙南 2 的 D 值在 $(0.3,0.5]$ 之间,干部"廉能"协调耦合处于中度协调阶段;浙中 2 的 D 值为 0.5531,干部"廉能"协调耦合水平位居高度协调耦合阶段。

五、浙江省典型县域干部"廉能"耦合测算结果分析

1. 干部"廉能"综合评价分析

从 10 个典型县域干部"廉能"综合评价水平的测算结果上看,"廉能"呈现的结果并不趋同,亦不是单一的比例关系,即各地区的 u_1 并不是始终大于 u_2,u_2 也并非总是大于 u_1,"廉政"和"能政"综合评价水平显现着地域差别,二者之间的大小关系在地域间此起彼伏。由于 $\alpha=\beta=$

0.5,对"廉能"综合评价指数 T 值影响甚微,即 T 值由 u_1、u_2 决定,且随 u_1、u_2 的增大而增大。各地区干部"廉能"水平评价对比情况见图 3.3。

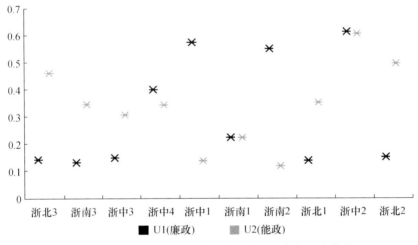

图 3.3 浙江典型县域干部"廉""能"评价水平比较图

就干部"廉政"综合评价水平而言,浙北 3、浙南 3、浙中 3、浙北 1 和浙北 2 五地的综合评价水平(u_1)与其他地区比较而言相对较低,且低于这些地区的干部"能政"综合评价水平(u_2)。拉低"廉政"综合评价水平的主要原因是这些地区在个人财产申报不实的官员数、审计发现的干部违规违纪案件数和近三年受到来自群众的腐败举报案件偏多。将五个低"廉政"综合评价水平的地区进行对比分析可知,位次最低的是浙南 3,位次最高的是浙北 2,其原因在于,经济迅猛发展必然会带来公务活动中经济寻租活动以及制度性的违规诱惑力提高等问题。整体来看,这五地还一定程度地存在"得能失廉"的政治病态。相比较而言,浙中 4、浙中 1、浙南 2、浙南 1 以及浙中 2 五地的"廉政"综合评价水平较高,其中,浙中 2 经济发展水平较高,浙中 4 次之,浙中 1、浙南 2 和浙南 1 相对差些,说明浙中 2 在处理"廉""能"两个方面的激励中做得比较平衡,既守住了廉政底线,又积极鼓励干部担当作为。

就干部"能政"综合评价水平而言,浙中 2、浙北 2 和浙北 3 三地的 u_2 值比其他七地的 u_2 值大一些,可见这三个地区在干部业务能力、考勤合格率、创新力以及对这些地区的经济增长、公共服务等方面做得较为出色,这与他们所受的干部考核有着密不可分的联系;浙中 1、浙南 1、浙南 2 三地的"能政"综合评价水平相对低些,除了地域禀赋差一些外,干部的综合素质能力、创新履职情况也稍逊,个别地方的"为官不为"消极履职现象还比较严重。"廉能"综合评价指数 T 是由 u_1、u_2 的值决定的,从干部"廉能"综合评价指数雷达图中(图 3.2)可直观得到浙中 2 为指数最高的地区,该地的"廉政""能政"综合评价水平亦在前列。

2. 干部"廉能耦合"及协调度分析

"廉能耦合"的特质在于干部"廉政""能政"共同演化和相互均衡,耦合度 C 就反映了这种特质蕴含的深浅度,即"廉"和"能"共同演化、相互影响的程度为几何。C 取值 $[0,1]$,越接近 1,干部"廉政"与"能政"耦合度越高。为了更清晰地对比浙江省 10 个典型县域干部"廉能耦合"等级情况,我们据表 3.26 的数据绘制出干部"廉能耦合"空间等级比较图(见图 3.4)。

图 3.4 清晰显示了耦合度的空间等级,浙北 3、浙南 3、浙中 3、浙南 1、浙北 1 五地的 C 值都在 $(0,0.3)$ 之间,即干部"廉能"耦合度为低水平耦合,说明"廉能"离散度较大,表明这些县域中干部"廉""能"发生相互抑制或阻碍作用。其中,浙北 3、浙南 3、浙中 3、浙北 1 四地干部"廉政"状况较差,从而拉低了"廉能"耦合水平;浙南 1 的干部综合素质能力有待进一步提升,创新履职充分挖掘地方优势的能力有待加强,推动地方高水平发展的任务还很重。浙中 4、浙中 1、

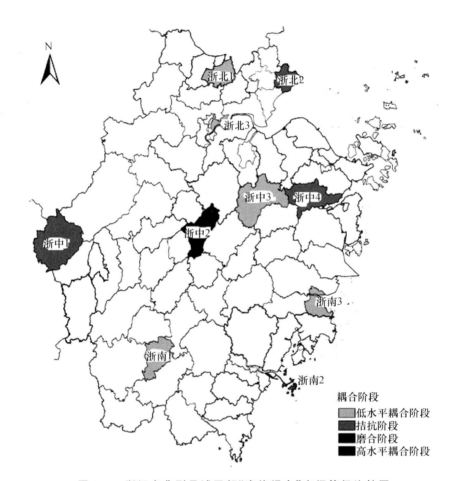

图 3.4　浙江省典型县域干部"廉能耦合"空间等级比较图

浙南 2 和浙北 2 四地干部的"廉能"耦合度处于拮抗阶段，表明了"廉政"和"能政"一方抑制或阻碍另一方的发展，这种抑制作用是单向的，因此较之低水平耦合阶段已是优化的第一步。细分析，浙中 1 和浙南 2"廉政"综合评价水平较高，"能政"综合评价水平较低，表现为地区性的"保廉失能"，即有"廉"抑制了"能"的发展，导致"廉能"耦合水平降低；而浙北 2 情况相反，属于"重能轻廉"，严格要求

第三章
从清廉评价到"廉能耦合"测度:以浙江为例

干部的行政能力却相对忽视了"廉洁"的重要性;浙中 4"廉政"与"能政"水平虽然相当,离散度不大,但水平值都未达到 0.5,还有提升空间。相对于其他九个地区的"廉能"耦合水平,浙中 2 处在磨合阶段,离散度较小,其干部"廉""能"综合评价水平分别为 0.6147 和 0.6081,从一定程度上反映了浙中 2 在"廉能"激励机制中具有较强的相容性,使其作用并反馈在干部的"廉能"修养上。

从空间看,五个低水平耦合县域散布性强,浙北、浙东、浙中、浙南都有,既说明了指标、县域选取的代表性,也说明研究具有较好的可信度。"廉能"耦合度处于拮抗阶段的四个县域也有类似的分布。

干部"廉能耦合"协调度映射的是"廉能"关系协调与否的问题,D 值亦遵循着越接近"1",越反映耦合关系趋向协调的规律。图 3.5 显示 10 个地区的 D 值皆属于协调度等级划分的后三类等级。

从图 3.5 看出,浙北 3、浙南 3、浙中 3、浙南 1、浙北 1、浙北 2 六地都处在低度协调耦合阶段,其原因除了上述分析过的耦合水平较低以外,还受"廉能"综合评价指数值的影响,深言之,依然是 u_1、u_2 影响的结果。干部"廉政"和"能政"存在一个缺口都会导致综合评价指数 T 的减小,同时也使得耦合值发生变化,因此有必要创新"廉能"激励相容机制,协同激励,使得干部"廉能兼优",T 和 D 值自然随之增大。浙中 4、浙中 1、浙南 2 处于中度协调耦合阶段,"廉能"关系相对稳定,二者之间的促进机制较相容。浙中 2 处于高度协调耦合阶段,这是诸多要素综合优化的结果。尽管如此,其 D 值也只是在此阶段的数据节点处,所反映的协调度仍属于低水平的高度协调耦合阶段,表明了"廉""能"一方对另一方有微妙的牵绊效应,激励错配是其重要诱因。

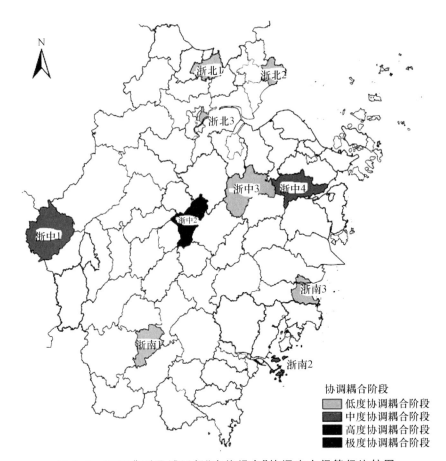

图 3.5 浙江典型县域干部"廉能耦合"协调度空间等级比较图

第三节
清廉评价与"廉能耦合"测度结果比较及其启示

清廉评价与"廉能耦合"测度的目的及其观察重点有所不同,从结果上看也有区别。但从清廉感知评价看,公众对浙江省干部清廉

第三章
从清廉评价到"廉能耦合"测度：以浙江为例

满意度超过80%，但分析浙江省10个典型县域干部"廉能耦合"平均值为0.3403，即约有65.97%的干部行为存在不同程度的廉能离散现象，其中，"重能轻廉"倾向的干部由55.2%下降到38.6%，但存在消极"保廉"行为的干部由16.5%上升到34.1%。"廉能兼优"的干部还是偏少。10个典型县域干部"廉能耦合"协同平均值为0.3096，总体处于中度协调耦合阶段。通过比较两个评价结果证实了前文关于"廉政"与"能政"关系的理论假设，也可以从中窥探出不少值得思考的问题。

一、干部廉政水平与"廉能耦合"水平存在明显差异

1. 平均差异较大

浙江省域清廉公民感知（2015—2019）8个一级指标均值高达80.428，如果按透明国际的估值方法，超过80分就进入比较清廉的等级，那么浙江省已全面达到或接近比较清廉的等级，也就是说，公众对浙江省各县（市、区）政府廉洁反腐败工作给予满意和比较满意的评价比率高达94.71%。同时，各县（市、区）清廉公众感知值也相对齐整，没有出现明显的散布性特征。但是，如果与10个典型县域干部"廉能耦合"水平值（2017—2019）比较就有明显的不同。10个典型县域干部"廉能"耦合度均值为0.3403，换算成百分制，即34.03%，"廉能"耦合协同度均值更是只有0.3096，换算成百分制，即30.96%，与浙江省清廉评价水平差异明显。另外，县域之间干部"廉能耦合"水平差异也较为显著，具有明显的散布性特征。干部"廉能"耦合度最高测度值为0.5004，最低测度值为0.26。"廉能"耦合协同度最高测度值为0.5531，最低测度值为0.1835。

2. 干部"廉政"与"能政"的相斥特征具有普遍性

在"廉政耦合"测度的模型中，10个典型县域中有5个县域的"廉政"值高于其"能政"值，也有5个县域的"能政"值高于其"廉政"值，其中，浙北3、浙南3、浙中3、浙北1和浙北2五地的"能政"值显著高于各自县域的"廉政"值，浙中1、浙南1和浙南2三地的"廉政"值显著高于各自县域的"能政"值，说明上述8个县域的干部"廉政"与"能政"的相斥特征明显。只有浙中2、浙中4的"廉政"值与"能政"值相差较小，没有明显的偏离。

3. 干部"廉政"与"能政"的相容性还不高，但呈现渐进改善的良好趋势

在10个典型县域中，有5个县域处于"廉能"低水平耦合阶段，4个县域处于"廉能"拮抗阶段，只有浙中2进入"廉能"磨合阶段，说明干部"廉政"与"能政"的相容性并非一朝一夕就能实现。但从"廉政"与"能政"耦合的协同性看，有6个县域处于低度协同水平，3个处于中度协同水平，1个进入高度协同水平。也就是说，耦合的协同度比实际耦合水平要好，这说明有越来越多的县域和干部正在朝"廉政"与"能政"耦合的方向前进，"能人腐败"与"消极保廉"的"跷跷板"现象正在改善，传递了十分积极的信号。

4. 干部"廉政"与"能政"的相互支撑作用需要进一步挖掘

根据10个典型县域干部"廉政"与"能政"耦合测度情况，处于"廉能"磨合阶段，亦即"廉政"与"能政"相互支撑的县域只有1个，接近磨合阶段的1个。其他8个县域中，干部"能政"明显高于"廉政"的县域有5个，说明"能政"拉动或支撑"廉政"的作用不明显；另

第三章
从清廉评价到"廉能耦合"测度：以浙江为例

外3个县域"廉政"高于"能政"，但偏离值小于5个"能政"高于"廉政"的县域情况，说明"廉政"拉动或支撑"能政"的情况要好一些。这进一步印证了十八大以来中央高压反腐败，整体提升干部干净干事水平的治党战略的前瞻性和正确性。长期以来，到底是腐败起了发展的"润滑剂"作用，还是反腐败阻碍了发展的争论不断，从本研究开展的"廉能耦合"测度看，反腐败对经济社会发展具有长期的正向拉动或支撑作用。

二、干部从"清廉"走向"廉能兼优"面临的挑战

1. "廉能浙江"建设的协同性还有待增强

主要表现为：对干部"严管"与"厚爱"、"激励"与"约束"的机制还不协同，最大限度防止干部出问题的机制与最大限度激发干部积极性的机制尚未形成合力，"能人腐败"与"庸人履职"的"跷跷板"现象尚未完全消除，在一定程度上影响了纪检、监察和巡视工作的长效性。调查表明，分别有29.4%的干部和38.2%的民众感知到纪检、监察和巡视机构之外的部门对"廉能浙江"建设工作仍有一定被动配合的倾向。

2. "廉能浙江"建设与增加公众获得感尚未完美对接

公众（特别是青年人）对所在地方清廉建设的评价好感越来越从单纯的理想追求向现实需求转变，越来越看重清廉建设给他们就业、创业和生活条件带来的改善成效。但调查表明，仍有31.3%的公众感知到当地存在廉洁反腐与改善民生"两张皮"现象。公众对集中招标采购的结果满意度还比较低，中标的公共服务和公共产品的性价比劣于标外市场竞得的情况还不在少数；城市居民对紧俏地

区新房交易信息公示、农村居民对农村集体建设用地使用信息和扶贫款信息公示质疑率较高。如何赢得更多青年人对政府清廉建设工作的好评，是各县（市、区）廉政建设需要思考的重要课题。特别是杭州对住房监管方面的成效被青年人认可度较低，影响了"清廉浙江"建设的公众获得感。

3. "廉能浙江"建设面临干部正风疲劳与公众对正风"审美"疲劳叠加的内外环境挑战

在调查中发现，由于反"四风"工作开展已有一段时间，部分机关及其工作人员对清廉建设产生了一定的疲劳麻木感；特别是，有30.7%的受访公众表示自己在与政府部门打交道的过程中遇到过政府官员"为官不为"的情况。同时，一些地方在推进廉政工作时，与地方事业发展需要结合不够紧密，助长了"庸人履职"现象的出现，受访公众对此深感忧虑。两者叠加，对进一步推进"廉能浙江"建设的内在动力和外在环境均构成不小的负面影响。

三、"廉能耦合"：清廉评价与建设的新标尺

第一，"廉政"与"能政"是经济新常态和反腐败压倒性态势对政府履职要求的一体两面，在政府价值体系中不可或缺，也不可相互替代。两者的最大公约数是提高政府的公众满意度，即价值相容性，但"廉政"与"能政"又有着各自内在的生长逻辑和促进机制，即路径差异性。因此，干部存在对"廉政"与"能政"良性耦合的价值追求，但又离不开科学的外在激励强化，不能过分高估其自我实现两者良性耦合的主动性。

第二，"能人腐败"和"为官不为"现象的出现，说明干部"廉政"

与"能政"良性耦合程度还有待提高。但这并非强调追赶发展和坚持高压反腐所致,也不能简单归因为个人修养,而应重点检视体制机制上没有将"廉政"激励与"能政"激励协同推进导致的各种激励错配问题:各自强化、互相弱化、相互应付和阶段性波动。

第三,强化价值相容性、管控手段相斥性是促进"廉政"与"能政"良性耦合的关键。构建两者良性耦合的协同激励机制的基本进路是:遵循"目标—手段—过程—评价"四位一体协同思维,通过"保护性"机制与"惩处性"机制协同、正面激励与负面管控路径协同,重点建设鼓励创新的容错机制与打击庸政式腐败的惩处机制,形成"廉政"与"能政"协同递进的体制环境。

第四,增加公众获得感是新时代廉政评价与建设的重要目标方向,但是单向度的清廉评价可能导致干部一定程度的消极保廉倾向,使廉政建设的目标欲速则不达,只有促进干部"廉能耦合"才是实现这一目标的基础和科学进路。

第四节
完善清廉评价体系的新维度

一、尊崇清廉建设本体逻辑

一个令人信服的清廉评价首先必须是遵循清廉建设的本体发展逻辑的评价,需要从评价内容、过程、方法和结果运用等整个评价体系尊崇清廉建设的内在规律。

廉能激励相容
新时代清廉评价与建设探索

1. 评价内容

清廉评价内容要完整反映清廉建设过程的内在逻辑，又要将其坐实到公众与公职人员互动的关系中，使清廉评价内容符合政府为民服务的实践。特别是如何将党的十八大后各地开展的反腐败制度和实践创新的成果反映到清廉评价的话语中来，是建构中国清廉评价话语体系和话语权的重要议题。科学的办法就是按照廉政推进的过程逻辑，从"制度—行为—结果"三个层面进行逐项归纳，建立由制度完备性、程序公正性、业务规范性、行为正义性、作风正派性、文化清明度、结果公平度、成效显著度等指标构成的评价话语体系。但每一项评价指标如果用西方的清廉评价理念和内涵来阐释和衡量的话，难以对接中国民众与政府互动关系的现实，反映不出公众对清廉状况的感受。比如，评价一个地方政府的作风正派情况，在西方的政治语义和清廉评价指标中是找不到可适用内容的，但中国民众对政府公职人员的作风问题却很重视，而且有丰富的语义。公众通常会用"政府大楼的豪华程度""大吃大喝现象""游山玩水""婚外情""子女上学'走后门'"等便于观察的现象来形成对政府清廉的感知印象。因此，清廉评价内容越是贴近公众与政府公职人员互动关系的现实生活就越有信度和效度。

2. 评价过程

评价过程必须保证评价主体对评价地的政府有长期、持续的观察经历，而不是凭短暂到访的印象，更不能作间接转述式评价。唯此，政府清廉的真实状况与公众感知的印象才会达到尽可能的信息对称。所以，接受清廉调查的公众应是所在地区的常住居民或在当地有长期业务往来的人士,他们必须直接接触过评价地政府任意一类的公职人员,并对这些公职人员的公务行为或生活方式有直接感知,尽可能避免访谈对象在不了解当地政府的工作情况下作模糊评价。

3. 评价方法

评价方法要有科学的框架将政府清廉努力状况与公众对政府清廉的感知状况有机地融合一起。在韩国首尔市和中国台湾地区台北市开展的主客观综合评价的实践中,碰到的主要难题是主客观评价的指标对称性和权重平衡。① 科学的方法应该是对清廉评价中的"制度—行为—结果"指标进行分类评价,把清廉建设制度评价确定为客观性指标,根据政府公开的清廉制度清单进行评价;把清廉建设行为指标确定为以政府努力状况为主、公众印象感知为辅进行评价;把清廉建设成效指标确定为公众感知的主观评价。在权重设计方面,按照制度是保障、行为是关键、成效是依归的原则,将清廉制度类指标权重设定为0.2、清廉行为类指标权重设定为0.4、清廉成效类指标权重设定为0.4。这样,在一个清廉评价中就能总体上形成以公众清廉感知为主与政府清廉自觉为辅的合理框架,从而最大限度地避免政府努力状况与公众感知状况"两张皮"或者互不认可的情况。

4. 结果运用

评价结果运用上要将鞭策政府清廉自觉与提高公众对政府清廉的满意度结合起来。一个好的清廉评价不是简单地对一个时期

---

① 李燕凌、吴松江、胡扬名:《我国近年来反腐败问题研究综述》,载《中国行政管理》2011年第11期。

的政府清廉状况说"是"或"不",而是要反映政府清廉建设的逻辑轨迹和趋势,要引导公众形成对清廉建设的长期性和持续性的认知。因此,清廉评价重点不是给各个对象列队排序,而是给每一个对象清廉建设的过去、现在和将来画曲线,既增强政府清廉自觉的动力,又提振公众对政府清廉努力的信心。

二、融合清廉建设的政府努力和公民感知状况

一个有指导和鞭策意义的清廉评价不是简单地给各级政府的清廉建设水平排序,而是要反映政府清廉建设的动态努力趋势和公众的感知变化。因此,清廉评价指标体系应该由清廉努力指数和清廉感知指数共同构成。以"清廉浙江"评价为例,相关评价指标应严格按照《中共浙江省委关于推进清廉浙江建设的决定》确定的35条精神,围绕推动"清廉思想、清廉制度、清廉规则、清廉纪律、清廉文化"建设,打造"干部清正、政府清廉、政治清明、社会清朗"的总体要求,确定考核指标的维度和内涵。指标体系重点考核清廉建设的五个"度":一是"清廉浙江"的思想意识提升程度;二是"清廉浙江"的制度保障完善程度;三是巩固反腐败斗争取得压倒性胜利的成果达成度;四是"清廉浙江"的社会基础夯实程度;五是"清廉浙江"建设的公众获得感增强程度。前面三个"度"考核的是各地政府清廉建设的努力程度,用清廉努力指数表示,后面两个"度"考核的是各地政府清廉建设成效的转化程度,用清廉感知指数表示。结合"清廉浙江"公民感知实验和"廉能耦合"测度中发现的问题,可以对"清廉浙江"评价指标体系作如下完善(见表3.27):

第三章 从清廉评价到"廉能耦合"测度：以浙江为例

表 3.27 修正的"清廉浙江"评价指标体系

维度（2个）	一级指标（4个）	二级指标（19个）	测量指标（72个）
清廉努力指数（客观评价）	A 投入	A1 人力投入（2）	A1.1 纪检监察人员配备到位情况
			A1.2 纪委监委工作独立性
		A2 组织投入（4）	A2.1 党委定期听取清廉建设工作汇报
			A2.2 党委帮助解决纪检监察工作困难情况
			A2.3 清廉建设纳入党委政府目标考核情况
			A2.4 党委、人大、政府、司法和审计机关协同推进清廉建设情况
		A3 财物投入（2）	A3.1 廉政工作经费是否按要求落实
			A3.2 廉政工作经费预算在本级政府总预算中占比
	B 过程	B1 廉政制度建设（3）	B1.1 地方党委对清廉建设的总体规划
			B1.2 约束权力运行的具体制度完备性
			B1.3 坚持和落实"三会一课"制度情况
		B2 廉政宣教与文化（4）	B2.1 纪检监察部门开展线上线下反腐倡廉宣传工作的次数
			B2.2 公职人员平均每人接受廉政教育学习的时间
			B2.3 廉政警示教育基地建设及向社会开放情况
			B2.4 支持优秀家规、家风建设情况
		B3 政府审批与绩效（3）	B3.1 政府综合绩效排名
			B3.2 政府办事"最多跑一次"全覆盖情况
			B3.3 社会对当地营商环境投诉案件数
		B4 权力规范与公开（5）	B4.1 主动公开事项基本目录编制的完整性
			B4.2 "双随机、一公开"监管实施情况
			B4.3 对自由裁量的行政处罚有效投诉率
			B4.4 经查实的未按规定予以公开政务信息的投诉件数
			B4.5 违规变更土地用地案件数

(续表)

维度 (2个)	一级指标 (4个)	二级指标 (19个)	测量指标 (72个)
清廉努力指数（客观评价）	B 过程	B5 政府建设工程招标与采购(4)	B5.1 政府建设工程项目公开招投标件数占比
			B5.2 政府建设工程项目公开招投标被投诉案件数
			B5.3 定额以上政府采购件数占比
			B5.4 定额以上政府采购被投诉案件数
		B6 公共资金管理(2)	B6.1 财政资金全部纳入预算绩效管理情况
			B6.2 私设"小金库"、截留套取财政资金案件数
		B7 公共资产监管(2)	B7.1 国企纪检监察、监事会、审计、财务、法务"大监督"体系构建运行情况
			B7.2 国有资产增值情况
		B8 干部干净担当(5)	B8.1 落实"凡提四必"情况
			B8.2 被查处的消极履职干部数
			B8.3 发挥领导干部的"头雁效应"情况
			B8.4 个人财产申报不实的官员数
			B8.5 干部离任审计中发现的违规违纪案件数
	C 产出	C1 腐败举报投诉(3)	C1.1 本级政府公职人员被举报腐败案件总数
			C1.2 本级政府公职人员平均每人被举报腐败案件数
			C1.3 公众实名举报腐败案件数占比
		C2 违法违纪控制(12)	C2.1 因腐败行为被纪检监察部门立案查处的案件总数
			C2.2 因腐败行为被纪检监察部门查处的公职人员人数
			C2.3 地区腐败犯罪案件与上年同比下降率
			C2.4 地区行贿案件数量与上年同比下降率
			C2.5 "一把手"违法违纪案件数占比
			C2.6 大案要案的宗数
			C2.7 大案要案占比
			C2.8 村（居）干部违规违纪案件数
			C2.9 学校乱收费、违规招生案件数
			C2.10 医疗服务中收受"红包"、回扣案件数
			C2.11 企业经济犯罪案件数
			C2.12 受社会信用失信惩戒人员数

(续表)

维度 (2个)	一级指标 (4个)	二级指标 (19个)	测量指标 (72个)
清廉努力指数（客观评价）	C 产出	C3 惩戒行动(3)	C3.1 因贪污、贿赂等腐败案件移送司法部门获有罪判决的人数比
			C3.2 违纪违法案件结案率
			C3.3 追回外逃贪官和转移海外赃款的成功率
		C4 地区发展(4)	C4.1 人均GDP
			C4.2 人均公共绿地面积
			C4.3 每万人病床数
			C4.4 每万人犯罪率
清廉感知指数（主观评价）	D 影响	D1 公众对腐败状况的整体印象(5)	D1.1 腐败普遍程度感知
			D1.2 地区反腐力度感知
			D1.3 地区党风政风感知
			D1.4 地区社会风气变化趋势
			D1.5 腐败状况的变化趋势
		D2 公众亲身经历腐败事件(3)	D2.1 有否请客送礼送钱经历
			D2.2 请客送礼送钱年均次数
			D2.3 请客送礼送钱次均花费金额
		D3 公众反腐败意愿(2)	D3.1 对腐败的容忍度
			D3.2 对腐败举报的成功率
		D4 公众对清廉建设的获得感(4)	D4.1 反腐倡廉工作成效总体满意度
			D4.2 清廉建设对营商环境改善程度
			D4.3 公众对政府信任度和支持度
			D4.4 公众对政府信心及变化趋势

这一评价指标体系不仅将浙江省清廉建设的主要目标纳入其中，更重要的是充分体现了兼容思维：政府—公众、主观—客观、努力—感知、投入—过程—产出、正向指标—负向指标、静态指标—动态指标、作为—不作为等，而全部评价内容都围绕"廉政"与"能政"的结合展开。其中，"廉政"成效不仅反映反腐败的成果，还体现出反腐败成果的输出效应——对政治经济社会发展环境的改善而创

造的地方"五位一体"发展成果。这样开展的评价不至于输出激励错配的功能,而是有利于观察和促进干部"廉能兼优"成长。

三、贯彻"以廉促能"和"以能保廉"的价值导向

如前所述,干部的"廉"与"能"是党和人民对干部履职要求的"一体两面","廉而不能"是消极作为,"能而不廉"是胡作非为,都是对党和人民信任的亵渎。从理论和经验上讲,"廉能兼优""能人腐败"和"庸人履职"三种干部都不乏其人,这说明,"廉政"与"能政"既具有耦合属性又具有排斥的可能。如何实现干部"廉能耦合"关键看耦合环境,清廉评价与激励就是其中一种耦合条件。

那么究竟"廉"更能促"能",还是"能"更能保"廉"呢?这在清廉评价的指标体系、权重系数以及主客观评价方法选择上是需要作出不同的取舍的。《晏子春秋·问下四》中记载:"景公问晏子曰:'廉政而长久,其行何也?'晏子对曰:'其行水也。美哉水乎清清,其浊无不雩途,其清无不洒除,是以长久也。'"① 晏子将"廉"比作水,源远而长久。《官箴》中也说:"吏不畏吾严而畏吾廉,民不服吾能而服吾公;公则民不敢慢,廉则吏不敢欺;公生明,廉生威。"历史经验表明,"廉"是干部履职的基本盘,是底线;"能"是干部履职的综合产出,是结果,两者有一定的因果关系。中国共产党是马克思主义政党,"廉"是保持党的纯洁性的基本内涵之一,因而对干部守住"廉洁"底线提出了严格要求。综合浙江清廉评价和"廉能耦合"测度的实际情况也证明,"以廉促能"比"能以保廉"更具有稳定性、可靠性。因此,新时代清廉评价体系的完善要激发干部"以廉促能"的价值观,引导干部"能以保廉"的行为方向,努力实现干部"廉能兼优"成

---

① 许文畅译注:《晏子春秋》,长春出版社2016年版。

第三章
从清廉评价到"廉能耦合"测度：以浙江为例

长的目标。

一是清廉评价指标结构要体现政府廉政建设努力的基础性和廉政建设成效的可感知性。例如，修正后的"清廉浙江"评价指标体系由 72 个测量指标组成，其中，政府廉政建设基础性指标 36 个、产出指标 22 个，较好地诠释了廉政建设为因，廉政产出为果的清廉度提升逻辑。

二是清廉评价指标观察重点要以客观状况为主，结合公民感知。尽管国际上的清廉评价有主观评价、客观评价和主客观综合评价三种方式，但一般来说，对一个国家清廉水平的综合评价通常采用主观感知方式，如透明国际清廉指数，而对地方政府的清廉评价往往采用主客观综合评价的方式，且以客观评价为主，如韩国首尔的"反腐败指数"。因为基层政府清廉评价具有可精准的条件，加之评价结果涉及政府声誉、主政和主管官员的政治前途，更多采用客观数据的评价可以增加评价的信度和效度，起到鞭策地方清廉建设的作用。例如，修正后的"清廉浙江"评价指标体系中，有 58 个客观评价指标、14 个主观感知指标，可以较好地满足地方清廉评价对精准性的要求。

三是清廉评价权重结构要以产出和公民感知为重。清廉评价的目的在于加强清廉建设，这就需要以问题为导向。一个地方清廉建设有没有问题、有哪些问题，不是由政府自身说了算，要由公众感知说了算，而公众的感知是一个地方的清廉建设给他们带来的"实惠程度"的反映。因此，清廉建设的产出指标（其中大部分指标承载了干部"能政"的信息）和公民感知指标的权重应占到全部评价指标权重的 65%—70% 为宜。这样的设计能较好地贯彻促进干部"廉能兼优"的目标，防止一些地方的清廉建设重台账，"留痕不留绩"。

第四章
激励错配与干部"廉能耦合"

第一节
激励错配：内涵与形态

一、激励错配的内涵

"激励错配"是从经济学概念中的"资源错配"衍生而来的，是激励不相容的主要因素。资源错配理论认为："当狭义口径行业内的所有企业的边际收益产品相等，意味着该行业实现了资源的有效配置；当行业内不同企业的要素投入的边际收益产品呈现出横截面差异，意味着该行业存在资源错配。"[①]毫无疑问，激励也是一种重要的资源，它包括物质的、精神的，也包括政策制度的。如果运用资源错配的相同原理分析干部考评机制问题，也可以认为当所有考评要求在干部队伍中都得到相同程度的遵从，则意味着考评激励是有效的；而当部分考评要素在干部队伍中得到遵从的程度出现横截面差异时，就意味着存在考评激励错配。比如出现"能人腐败"与"为官不为"的"跷跷板"现象，就说明"廉""能"考评要求在一些干部身上未能兼顾到位，而是出现了错位。目前，在中国干部队伍中，突出存在的一些问题就与干部考评激励机制的不完善、不健全有着直接的关系。

[①] 沈春苗、郑江淮：《资源错配研究述评》，载《改革》2015年第4期。

廉能激励相容
新时代清廉评价与建设探索

具体来说,"廉政"与"能政"两者之间不相容的错配因素主要表现在:

(1) 重视精神激励,漠视物质激励。如现有人性假设理论把干部看作"道德人",对干部激励主要是道德激励。这种理想的人性观抹杀了干部自利的一面,在干部激励方面只重视精神激励,漠视或压制干部的"经济人"特性。有学者从新公共管理的视角思考,提出在政治模式和官僚制模式下行政管理中主流的人性观是将干部视为"政治人"和"道德人",激励机制的基本思路是以政治激励和道德激励为主,淡化了物质激励和个人激励的价值,忽略了激励的整体效能与整体效用且随意性较大。①

(2) 激励与约束制度形式化,未能达到实效。中国干部考评还缺乏系统的法律安排,导致一些地方和部门的干部评估过程具有封闭性、神秘性,缺乏媒体监督。从学术的角度来看,这样的监督者和被监督者之间的信息不对称,很可能导致主持干部考核的官员"权力寻租"行为的发生,利用权力非法收受贿赂,即腐败现象的发生。现有的干部绩效考核存在以下几个方面的问题:一是考核评估体系不健全,考核的主观性比较强;二是考核实施主体单一,考核评估的主体以组织内工作人员为主,这就使得考核的客观性容易受到影响;三是绩效考核的结果未能有效利用。许多干部认为考评结果对干部"廉能"激励没有实际意义。

(3) 过度强调激励而忽视约束的作用。笔者对所收集的干部激励机制研究论文的整理后发现,其中有90%以上的文章都给出了具体的激励措施,而且这些文章基本的框架部分是分析当前干部激励机制存在的问题—问题的成因—完善干部激励机制的措施,几乎

---

① 李军、魏哲景:《新公共管理视角下公务员激励机制创新》,载《西北工业大学学报(社会科学版)》2007年第2期。

第四章
激励错配与干部"廉能耦合"

很少有文章研究干部考评的约束机制。干部的激励机制是中国干部制度的内在核心机制,是激发干部的工作积极性,提高工作效率的重要环节。

(4)干部履职负荷与薪酬水平存在偏差。改革开放以来,中国的经济社会发展、综合国力和民众生活水平取得了举世瞩目的提升,这些成就的取得与中国公职人员的大胆改革、无私奉献是分不开的。[①] 但是,中国现今的干部薪酬水平是偏低的,经济社会发展等要保持可持续性,需要薪酬机制改革的支持。总之,中国现有的干部激励机制还比较僵化、单一,缺乏相互联系的、综合的、系统的激励模式。现今干部激励工作所面临的复杂环境与众多的难点,并非单一、相互独立的激励机制所能够起到作用的。因此,建立起综合型、系统化的干部激励体系是突破干部激励困境的有效途径,对于推进干部队伍"廉能兼优"成长有切实的实践价值。

二、激励错配的表现形态

1. 考评体系相对"碎片化",导致干部"廉""能"激励呈现互为强弱激励错配风险

这主要体现为:一方面,所有考评体系和机制都有针对单位(地区)、班子和干部个人独立的系统;另一方面,几乎所有干部管理系统都有各自的考评体系和标准。这样的考评系统输出的考评结果和功能容易出现一些混沌不清的局面。比如,对单位(地区)考核大多采用客观评价,各单位(地区)在政治建设、经济发展、文化服务、社会管理和生态文明等方面取得的成就,有具体的折算权重和统计

---

① 王郑丰、李金珊、陈小红:《公务员薪酬水平与腐败程度的实证研究》,载《学术论坛》2013年第8期。

廉能激励相容
新时代清廉评价与建设探索

公式,考评分数精确需要分分计较。虽然现在强调"一岗双责",但各单位和地区考核排名主要还是看发展业绩,廉政建设只是守底线,不出事,至少体制内还没有对单位和地区进行廉政评价排名的做法。而班子和干部个人考核则按"德、能、勤、绩、廉"分项评价,虽然要区分优秀、称职、基本称职和不称职等级,但基本是主观评价。在这样的考评模式下,干部主要还是努力拼单位业绩,而且是集体一致行动,至于廉政风险防范基本上只要守住底线就行了,其行为方式更多是分散个别的。所以容易出现顾"能"失"廉",发展了一个地方,倒下了一些干部。而各自系统的检查考核,其标准几乎都是强调所属职能的重要性,各吹各调,较少考虑本系统以外同样要求干部做到的东西。这一结果自然会促使干部去做"选择题",完成容易完成或者风险小的工作。比如,当上面对政绩要求加码时,违规违纪"创造"条件也要去完成,而当廉政风声收紧时,就从"邀功"转向"避责"。不管是哪种情形,"廉""能"兼顾都成问题。

2. 考评机制错配,导致干部"廉""能"激励呈现各自强激励风险

这里只讨论约束干部行为最关键的两个考评机制:目标责任制和"一票否决"制。目标责任制是综合对标考核管理的机制,而"一票否决"制是对重点目标实现的强化考核机制,两种机制一起使用就可能形成相生又相克的情形。由于"一票否决"制比较管用,于是各条线的考核都如法炮制,结果一个完整的目标责任制就分解成若干个"一票否决"制,各条战线都希望通过强激励做好各自工作,而不顾及各自强激励所产生的相互掣肘效应。比如,一些县乡基层政府有时要领受三四十项"一票否决"事项。这使得干部在关键时期为了完成任务不被"一票否决"而可能存在弄虚作假等问题。"一旦

第四章
激励错配与干部"廉能耦合"

当初确定的某些数字指标难以实现,为了保住位子,一些单位领导便会在报表上做文章,搞数字游戏,瞒报责任事故,或者干脆向监督、考核者行贿。"① 这就使原本为促进干部做好各方面工作的机制演变成拽动干部应付工作甚至走向腐败的机制。

3. 干部激励与约束不完全相容,导致干部"廉""能"激励呈现阶段错位和波动风险

理论上讲,激励也是一种约束,而约束也是一种激励,一个从正面起作用,一个从反面起作用。但在现实干部考核评价机制中,通常出现两者劈叉的现象。比如,《关于表彰×××的通知》与《关于禁止×××的决定》通常不会在一个文件中融合出现,特别是对干部提倡和约束的行为往往是分开不同时段发出的,而且当后面对干部提出约束性行为要求时又很少提及前面提倡干部的行为要求。在中国行政语境下,容易让干部产生后一个文件精神覆盖前一个文件精神的错觉,使其行为举止出现180°的转弯。行为科学理论认为,激励一种行为与约束另一种行为往往需要互补搭配才能发挥最大的调节作用。如果干部考评机制和体系是把两者切割开来,激励的归属一类文件和部门掌管,而约束的又归属另一类文件和部门掌管,加之两类行为调节的时段差异,就会导致干部行为忽左忽右地摇摆。"能人腐败"与"为官不为"的"跷跷板"现象的出现,一定程度上可以折射干部考评机制存在的此类问题。

4. 干部激励手段错配,导致干部"廉""能"双弱激励风险

这主要包括两种情形:一是干部激励手段单独使用得多,综合

---

① 郭剑鸣:《解决利益不对称:行政授权改革的基本路径》,载《社会科学战线》2015年第7期。

运用得少，使得相似的手段产生的激励效果呈现边际递减。比如，在国家建设和现代化改革阶段，由于干部及其家庭生活面临更复杂的市场环境，公职人员作为一种职业面临更多的外部诱惑和比较竞争的选择，他们在作为"政治人""道德人"的同时，又承载着"经济人""社会人"的压力，如果只强化精神激励、思想动员和纪律规约，不适当强化对干部的物质和发展机会激励，就难免会有一部分干部选择退出甚至走向贪腐，既影响干部工作的稳定又增加干部廉政风险。二是干部考评结果对干部任用发展的激励作用还不够大，一定程度上造成干部考评激励与干部发展脱节的现象。干部职业生涯发展无疑是促使干部认真对待干部考评的重要因素，而让符合"廉能耦合"者晋升理应成为干部考评激励的目标。但是，影响干部任用发展的因素很多，考评优秀仅仅是其中之一。这就难免会出现一些多年考评优秀的干部由于不符合其他因素而落选，而一些考评结果并不靠前的干部由于符合其他因素得到了升迁。这种反差会降低干部对考评激励的重视程度，这既不利于促进干部"能政"，也不利于促进干部"廉政"。

第二节
干部"廉能"激励错配的实践例证

下面我们以浙中 4 县域为例展开分析。浙中 4 是宁波一个经济社会发展水平相对居中的郊区行政单位。如何激励干部迎难而上、干净担当，加快全区在经济社会发展上的追赶步伐是摆在区委、区政府案头上的一项重要议题。

尽管干部监督及惩戒机制对反腐和治庸发挥着较大的作用，但

第四章
激励错配与干部"廉能耦合"

难以淡化由经济迅猛发展带来的公务活动中经济寻租价值及制度性的违规诱惑力提高等问题。干部的"能人腐败"与"为官不为"的"跷跷板"现象将直接危及政治稳定大局,阻碍经济发展,败坏社会风气。但是,单纯地出台一些禁止性规定,明面上的贪污腐败现象少了,消极的"慵懒散"行为却浮出水面。在此背景下,浙中4为了更充分地调动全区干部(机关工作人员)的积极性和创造性,激励他们忠于职守,廉洁从政,作了多方面的机制设计。在改革以往的干部激励机制的基础上,2013年,浙中4探索并实施了干部"岗位对责、绩效对账"考核机制,推进了考核精准化、信息化步伐,形成奖优惩劣的正向激励,通过平时和年度对干部德、能、勤、绩、廉等情况进行全面量化评估,剑指贪污腐败和"为官不为"现象;2017年,率先在浙江省探索实施干部培养新模式——新录用干部"以师带徒"激励培养机制,即由综合素质高、业务能力强、经验丰富的"引路人"带领和激励新一批干部迈入廉洁自律、积极有为之路。

根据前文所述并对比相关资料和数据,不难发现,在干部"廉能"激励的三个主要阶段的运作中,就激励目标、激励手段、激励过程等方面而言都存在着激励强弱分化、阶段性波动等错配问题,这些对于实现干部"廉能耦合"必然起着阻碍作用。

1. 激励目标错配

激励体系错配使然,一方面,所有激励体系和机制都有针对单位(各地区)、班子和干部个人独立的系统;另一方面,几乎各地区干部管理系统都有各自的激励体系和标准,这样从横向上天然形成了激励差异,也就是激励错配的制度性起因。[1] 此体系偏好从政治建

---

[1] 周黎安、赵鹰妍、李力雄:《资源错配与政治周期》,载《金融研究》2013年第3期。

设、经济发展、文化服务、社会管理和生态文明等方面取得的成就对干部进行正面激励,激励几何则通过折算权重和统计公式确定。各单位和地区激励依据主要还是看发展业绩,而廉政建设只是守底线,不出事即可,因而激励体系中廉政激励指标亦不算多。在这样的激励体系下,干部主要还是努力拼单位业绩,而且是集体一致行动,至于廉政激励基本上守住底线就行了,其行为方式更多是分散个别的,激励体系存在的错配问题实际上导致的是目标协同性的分化,所以容易出现顾"能"失"廉"。

2. 激励手段错配

就数量和力度等方面来说,浙中4在激励手段上存在以下强弱分化错配问题:

(1)"廉能"各自强激励。干部的"能政"激励打破了论资排辈、"二线养老"的传统,注重发挥不同年龄段干部的作用,将年轻干部安排到"墩苗"培养计划里,激励年轻干部提高成熟度;对于退出领导岗位的干部实施"退出重进"机制,给予权限参与全区中心工作的协理,并对工作成效显著、公众认可度高的优秀干部给予职级晋升等;对于干部"廉政"激励,区委加强了管控机制的设置,尤其在整治土地出让、项目招商、工程建设等"腐败高产"领域,严格执行《招标拍卖挂牌出让国有建设用地使用权规定》,并建立土地出让会审小组和土地出让协调决策领导小组,建立集体决策机制;①出台《农村基层权力规范运行操作手册》,开展"民意+廉政"双曲线测评、"民意体检"等廉政教育。

(2)"廉能"各自弱激励。在干部考核中总体明确规定了被确

---

① 资料来源:http://www.zjsjw.gov.cn/ch112/system/2015/12/11/020007479.shtml,2020年6月20日访问。

定为"优秀"等次的人数,一般控制在本部门干部总人数的15%以内,因而在考核中产生了部门不分绩效优劣一律按比例分配评优名额的现象,大多数干部一般是通过轮流被评为"优秀"的,实际上当年评上"优秀"的并非真的在当年表现为"优秀",而是该你是"优秀"了。所以,评价结果是难分优劣的。另外,不同层级的干部实际获得考评"优秀"的比例并不相同,因此,有的部门连续几年的"优秀"都是首长,而一般干部可能要多年才轮上一次"优秀"。在具体激励手段上,干部激励手段单独使用的多,综合运用的少,使得相似的手段产生的激励效果呈现边际递减现象,如区里重视舆论激励,即通过上报腐败、庸政等不正之风的事件给予干部舆论激励,2017年相关通报就超过19件。与此同时,干部得到的物质激励却很少,久而久之舆论激励无形中在干部群体中变成了"精神"压力。

(3) 干部"廉能"互为强、弱激励。在市、镇(街道)、村(社区)建立三级对账体系,以派账、对账、记账、核账、算账五步走为工作流程,实行干事对账结果与年度考核、评先评优、选拔使用干部三个挂钩,由此强化政绩激励。而对于"廉政"的考核,各单位和地区廉政建设只是守底线,手段上多是采用辅导性、提醒性、示范性和警示性"四性为一体"的廉政教育,激励功效较弱,实际意义不强。

3. 激励过程错位及阶段性波动

从实际激励经验筛查,发现浙中4的10个街镇普遍存在干部"廉能"激励错位的现象,这种错位体现为"廉能"激励时间和步调不一,即在实施手段激励和考核激励等方面出现时间差。如区人社局在2017年按季度让全体干部签订《干部"十条"廉政效能承诺书》,它既是廉政承诺书和责任状,起到"负激励"作用,又是落实廉政责任记录簿,起到"留痕"管理和督查的作用。同年由于"最多跑一次"改革深入发展,"一窗受理,集成服务"对干部能力要求加强,干部培训、出差学习、物质激励、其他保障等每月都在进行。由于任务性质的不同,不同时间上作出的激励规定就把对干部"廉能"的要求割裂开来,因此在年终考核激励时"廉能"量化结果在部门间出现偏差。

4. 激励阶段性波动

从激励的三个发展阶段上看,1996 年宁波启动了以"三制"和"六公开"为主要激励内容的干部任用机制的改革,一直沿用到 21 世纪初;2001 年后,正向激励和负面管控并举,开始进行一些新的尝试;2004 年对干部辞职予以完善和规范,印发了《调整不胜任现职领导干部暂行办法》;2013 年创新建立了干部"岗位对责、绩效对账"考核机制。时间证实了几个阶段的一系列机制中不可避免出现了"激励跨度"的问题,同时干部"廉能"激励时强时弱,各自被改进,又各自得到加强,在时间路径上则是一个波动激励的过程。以 2016—2018 年庸、腐问题的查处结果为据,对违反中央八项规定精神问题的通报曝光中,全区下发通报 28 批次,在市级媒体曝光 30 人次。以"见人、见事、见问题、见结果"的监督方式对 10 个街镇和 7 个区直单位①党委(党组)"四见"执纪监督,谈话 1060 人次,发现问题 295 个。2017 年,区县(市)党委换届后,巡察 339 个党组织,发现问题 1931 个;45 个区直单位建立了巡察机制,发现问题 274 个;2018 年仅在 2 月份干部因违反组织纪律受处分,违规对公车进行私用,以及贪污、"慵懒散"问题起数就达到 20 余项。2016—2018 年每个季度腐败及庸政问题通报数如表 4.1 所示。

---

① 资料来源:http://nb.ifeng.com/a/20180226/6393362_0.shtml,2020 年 6 月 20 日访问。

第四章
激励错配与干部"廉能耦合"

表 4.1　2016—2018 年每季度干部违规违纪通报起数

年份	第一季度	第二节度	第三季度	第四季度
2016	11	5	5	9
2017	8	14	22	14
2018	26	24	35	31

数据来源:据清廉宁波网"监督曝光"相关信息整理而得。

根据表 4.1 中三年的数据得知,随着干部绩效考评的压力抬升以及反腐败呈现的压倒性态势,尽管三年数据有递增情况,但从侧面也折射出了"廉能"激励在过程中存在的阶段性错配问题。

第三节
制约干部"廉能耦合"的激励不相容问题

一、干部考评体系碎片化

中国干部考评机制以干部的职位职责和所承担的工作任务为基本依据,全面考核德、能、勤、绩、廉,重点考核工作实绩。根据《公务员法》的相关规定,中国各地方都制定了针对本地区的干部考评制度。在实际的考评中,德、能、勤、绩、廉所合成的"廉能"考评却自成系统,即各地方政府依据各自的考评目标建立自身的考核方法和指标,操作时主观随意性强。① 如此一来,年终考核时干部"廉能"结果各为一体,很难对干部的综合素养作出合理性与综合层面的判断。尤其是现行的干部"廉能"考核在各地又存在考核时间"差异

---

① 杨志云、毛寿龙:《制度环境、激励约束与区域政府间合作——京津冀协同发展的个案追踪》,载《国家行政学院学报》2017 年第 2 期。

化"特征：干部的考核分为平时考核与定期考核。事实上，有些部门注重定期考核，即年终考核，而有些部门偏向于平时考核，年终考核被作为"节前总结"。考核时间的分化更加强了干部"廉能"测评时的"碎片化"特征，造成了各地干部"廉能"考评系统输出的考评结果和功能容易出现一些混沌不清的局面。以实例来看，浙中 4 与邻近的市之间还存在一定的发展差距，为实现赶超，区委对干部的"廉能"考评分数会根据其在政治建设、经济发展、文化服务、社会管理和生态文明等方面取得的成就，依照具体的折算权重和统计公式计算得出。显然，该区政府对干部"廉能"的测度和考量更偏重于在"五位一体"建设工作中显现的"能"，而对于"廉"的考评指标则是轻描淡写，守住底线即可。在考评体系上的碎片化造成其"廉能"测评水平高低不平，使得"廉能耦合度"位次低阶。

二、干部激励与约束不相容

就激励机制而言，约束本身也是激励，只是负面倾向较重；而激励亦可谓是一种约束，正面激励是为了更好地使干部"再接再厉"，防止偏离"廉能"轨道。结合干部"廉能"激励实际，不难发现在激励与约束上出现的偏差现象：

（1）干部"廉能"正负激励相互掣肘。如在浙中 4 K、B、H 和 W 4 个镇街出现的"能政"正面激励强于负面约束和管控，实际上就是一种激励资源的争夺，政府对干部正向强激励意味着他们在心底就承认了这种正面激励带来的"附加值"要高，且基于"经济人"心理，管理者本身也不情愿实施较多的负面手段来约束自己的"福利"。据此分析，手段上的相互偏离亦是价值层面的不相融合。

（2）激励和约束内容上彼此分离。激励与约束同属激励范畴，但在现有的政策文件中，如《中共×××财政局党组关于表彰 2017

第四章
激励错配与干部"廉能耦合"

年度"廉洁"干部的通报》中就几乎没有对腐败行为的规制进行阐述,而在《中共×××委关于巡视整改情况的通报》中亦不会对廉洁行为相关的表彰作出概述。激励和约束少见于同一文件,在行政语境影响下,激励和约束从内容、目标追求等方面就存在严重的剥离现象,就如同"井水河水互不相干"。激励机制归属一类文件和部门掌管,而约束机制又归属另一类文件和部门掌管,激励与约束彼此失去了互补搭配的载体,这一制度安排的出发点就已经不相容了。

三、"廉能"激励机制不协同

干部"廉能耦合"障碍的形成与干部所得的激励机制的协同与否、协同程度高低有着直接的联系。从协调耦合度的测算结果看,浙中 4 全区有 4 个镇街处于协调耦合低阶状态,就"果"寻"因",干部"廉能"激励机制不协同即为一要因,具体体现为两种主要类型:

1. 干部"廉能"激励机制实施不协同

(1) 时间不协同,在干部"廉能"激励中存在较明显的阶段性错位和波动激励,实施激励的三个主要阶段衔接空隙较大。在"上面压得紧,底下怨声响"时就实施积极有力的激励,否则即是激励空档,呈现的激励高峰和低谷交替并存就是时间不协同的现象。

(2) 空间不协同,即各个镇街干部"廉能"激励有着横向的空间差异,同一城市不同地区的干部所受激励程度、内容、范围等都不同。在同样的市级干部考评体系下,横向激励不协同使得考评输出结果大相径庭。

2. 干部"廉能"正负激励不协同

（1）现行的干部"廉能"激励在结果上是分化的，同一文件同时规定奖励人员、行为表彰和惩戒、批评的情况很少，干部激励专注"点名道姓""黑白分明"。

（2）"激励不足，约束偏软"[①]亦是正负激励过程中的不协同问题。正负激励至少要均衡激励力度，软硬交加不利于刺激干部的积极性，更不利于解决广为诟病的"能人腐败"和"为官不为"问题。

四、补偿机制功能梗阻

干部"廉能"激励错配即为激励资源的非优化配置，使得考评要求在干部队伍中得不到相同程度的遵从。从机制本身看，激励也有刚性发展的趋势。从基本的干部考核结果被分为优秀、称职、基本称职和不称职四个等次，到2013年建立的"岗位对责、绩效对账"干部考核机制中"连续三年被确定为优秀等次，职务晋升时优先考虑"，干部激励机制都呈现着刚性发展的趋势，即干部"廉能"正向激励机制一旦实施，很大程度上会逐步发展为强激励而很难撤销，由于没有较合理的退回机制，强弱对比差距会一直拉大。另外，地区之间发展水平不一，发展水平相对落后的地区在干部激励方面，如在工资水平、福利待遇上就和经济、政治、文化领先发展的镇街有着明显的差距，而从现有的激励机制看，鲜见充分又及时的干部补偿

[①] 张泳全：《构建新型公务员激励与约束机制的思考》，西南财经大学2003年硕士学位论文。

第四章
激励错配与干部"廉能耦合"

激励机制对干部已有的激励"查漏补缺",相反更多的情况是"拆东墙补西墙",即通过减少某些方面的待遇来提高干部的工资、福利水平。在这种"伪补偿""伪均衡"机制的作用下,干部就可能通过公共权力来寻求资源和财富。①

将 A 代表干部考评体系碎片化,B 代表干部激励与约束不相容,C 代表"廉能"激励机制不协同,D 代表补偿机制欠佳;a、b、c 分别代表"廉能"各自强、弱激励,"廉能"互为强、弱激励,以及"廉能"阶段性波动激励;P 代表干部"廉能耦合"低阶现状,由此勾画出激励视角下干部"廉能耦合"机制障碍的形成路径(见图 4.1)。

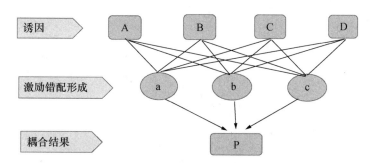

图 4.1　激励视角下干部"廉能耦合"机制障碍形成路径

---

①　蒋硕亮:《国家公务员复合利益均衡激励理论及其运用研究》,武汉大学 2004 年博士学位论文。

第五章
容错纠错与干部"廉能耦合"

第一节
干部容错纠错机制存在的问题

不论是一个政党还是一个国家，在其漫长的发展进程中难免会出现失误甚至错误，但决定党和国家能否实现继续发展的关键还是在于能否在犯错之后及时地发现和纠正错误。党的十八届六中全会通过的《关于新形势下党内政治生活的若干准则》提出，要"建立容错纠错机制，宽容干部在工作中特别是改革创新中的失误"。从此，容错纠错机制成为激励干部干净担当的重要制度安排。

"容错"原本是计算机行业的专业术语。所谓"容错"，是指尽管有一个或多个故障的存在，但整个程序或系统仍能正确执行其功能，它通常包括三个方面的功能：第一是故障抑制；第二是故障检测；第三是系统恢复。[①] 从这一定义看，容错机制并不是简单地宽容错误，还应及时纠改错误并使其尽快恢复到原来的正常状态，目前它在航天、医疗、银行等领域被广泛运用。2016年3月，李克强总理在《政府工作报告》中强调，容错纠错机制中的"错"指的是在探索性实践的过程中，干部干事由于非主观的因素造成的并且是在法律

[①] 郑家亨主编：《统计大辞典》，中国统计出版社1995年版，第1063页。

廉能激励相容
新时代清廉评价与建设探索

法规范围内允许出现的失误或错误,①虽然原则上应对相关负责人问责追究或作出党内处分,但因其符合尽职要求,而采取从轻、减轻甚至免于问责或处分的保障制度。这里的"错"包括两种情况:一种是集体在进行重大改革时出现的探索性失误;另一种则是个人在完成重大任务时出现的轻微违纪违法行为。两者的共同之处是在不谋取个人利益的原则下服务于公众;而不同之处是前者是基于改革的不确定性的"未知结果"产生,后者是基于原则的灵活性的"已知界限"而突破。②

容错与纠错在构建容错纠错机制时应该是并行的,容错的重点是科学地认识问题,而纠错的侧重点在于科学地解决问题,二者相辅相成、不可偏废。在鼓励干部进行改革创新的过程中,只是容忍试错是有限度的且不充分的,还必须在对工作中之所以会出现错误进行总结的基础上主动纠错。其中,容错是为了实现更好地纠错的一种手段,旨在大力鼓励干部干事敢于创新,勇于担当,减轻思想负担和包袱,在法律法规范围内允许干部干事先行先试;纠错是目的,引导干部在干事中及时地发现错误,并积极主动地采取相应措施纠正错误,最大限度弥补损失、减轻失误造成的不良影响。③ 可以说,如若没有纠错机制的补充,单一的容错机制极有可能演变为干部对滥用权力进行的自我救赎;若没有容错机制这一前提,纠错机制也有可能对潜在权力效能的发挥形成制约。从本质上而言,纠错就是让干部有机会改正错误,使他们不会在错误的道路上"失去控制",

---

① 刘宁宁、郝桂荣:《新常态下如何科学构建容错机制》,载《人民论坛》2016年第11期。

② 解其斌、刘艳梅、赵宇:《关于建立容错纠错机制的探讨与设计》,载《领导之友》2017年第1期。

③ 薛瑞汉:《建立健全干部改革创新工作中的容错纠错机制》,载《中州学刊》2017年第2期。

第五章
容错纠错与干部"廉能耦合"

给党和人民造成更大的损失。显然,在具体实施容错机制的过程中,如果我们只是片面地讲宽容错误却不强调纠正错误,必然无法解决问题,也等于是在鼓励干部继续盲目作为甚至胡乱作为。所以,一方面,既然容错纠错机制是激励干部的手段,那么组织人事等部门必须切实有效地利用该机制,为勇于担当、敢于创新的干部保驾护航;另一方面,干部自身则应该真正自省错误,及时采取补救措施,尽可能将造成的负面影响控制在最小的范围内,同时从中汲取经验教训,并通过自身能力、素养的提升,避免在未来的工作中再犯类似的错误。总之,错误识别之后必须进行纠正,不论是有错不纠还是只容不纠的做法都是片面的。只有结合容错与纠错才能充分地理解和把握容错纠错机制,避免在具体的实施过程中出现偏差;也只有敢于容忍错误并主动纠正错误才能引导干部既敢于创新、勇于担当,又注意纠正错误,避免走弯路。

党的十八大以来,各项高压反腐败措施的推进,不断强化问责管理的制度化,使得反腐败工作取得压倒性胜利。然而,面对高压反腐态势,部分干部的心态也发生了一些微妙变化:由积极求功向消极避责方向转变,[1]一定程度上出现了"能人腐败"与"庸人履职"的"跷跷板"现象。[2] 为进一步激发干部干净干事,为勇于担当的干部保驾护航,党的十八届六中全会通过的《关于新形势下党内政治生活的若干准则》明确了"建立容错纠错机制"的战略意义。让党员干部进一步解放思想,卸下包袱,努力构建不畏艰难、积极创新的良好政治生态和社会氛围。

---

[1] 倪星、王锐:《从邀功到避责:基层政府官员行为变化研究》,载《政治学研究》2017年第2期。

[2] 郭剑鸣:《廉能激励相容:完善干部考评机制的理论向度与实施进路》,载《社会科学战线》2018年第11期。

廉能激励相容
新时代清廉评价与建设探索

但各地建立干部容错纠错机制的效果尚未充分显现，机制的活力有待增强，干部主动申请容错免责的情形寥寥。① 这当然并非因为干部不需要类似的制度救济，而是各地在机制创设的立意、文本和实施过程中存在一些不协调因素所致。对此，学界从制度分析的视角，特别是机制规划、机制运行过程及机制协同保障等方面作了富有价值的讨论：认为当前全国尚未就干部容错纠错机制制定统一的指导性规范文件，各地在试点中普遍是模仿、借鉴，后试学习先试，容错纠错机制在各地区的设计规划和制度构建时欠缺地域特殊性的考虑；②一些地方还存在"喊口号"的政治宣誓意义，实施的容错纠错机制没有将当地发展的主要任务和干部队伍建设的实际情况有效结合起来，具有形式主义成分；③在构建容错纠错机制过程中，各地区界定容错的前提并不清晰，难以实现精准容错；④容错纠错机制与申述救济机制没有有机结合，容错机制的配套制度体系尚不完善等。⑤ 质言之，各地在推行容错纠错机制试点中，其制度设计文本普遍存在三个"偏硬"导向，即启动条件"偏硬"、容错责任内容设置的边界"偏硬"和执行程序"偏硬"，原则而不灵活，模仿而不接地气，没有很好地兼容制度的价值性、合理性和有效性。不过，我们在观察浙中1、浙北1和浙南1三地试点容错纠错机制的案例中发

---

① 在国家社会科学基金重点项目的资助下，我们随机选取了全国东、中、西部100个县区市开展"当地干部容错纠错机制运行情况"专题调查，结果未复、不便作答的35个，明确没有申请的高达37个，而存在容错申请的28个地方每年的干部申请数或党政组织启动调查数也多在1—3例/年。
② 邸晓星：《在求实创新中推进干部容错机制建构》，载《理论探索》2017年第6期。
③ 王炳权：《各地容错纠错机制的优点与不足》，载《人民论坛》2017年第26期。
④ 魏星、丁忠毅：《全面深化改革背景下构建干部容错机制探析》，载《中共浙江省委党校学报》2017年第4期。
⑤ 薛瑞汉：《建立健全干部改革创新工作中的容错纠错机制》，载《中州学刊》2017年第2期。

第五章
容错纠错与干部"廉能耦合"

现了影响容错纠错机制发挥作用的另一层面的因素——制度之外的相关各方行为偏好冲突：党政组织、干部个人和社会公众看待容错纠错机制的心理价值、利益诉求和不合作威胁等方面存在一定歧见，使得容错纠错机制实施过程中普遍存在三个"偏软"心结，即申请动力"偏软"、受理意愿"偏软"和救济途径"偏软"，在一定程度上影响了容错纠错机制的法理可认性、治理可得性和情理可容性。如果不是容错纠错机制实施中各利益相关方主动进行反复有效的互动沟通，不断调适各自在其中的行为偏好，机制的预设功能几乎难以显现。

因此，究竟应建立怎样的容错纠错机制，才能更好体现对干部"激励与约束并重""严管与厚爱相加"的本意？本书尝试在制度分析之外，从行为政治学的视角，挖掘容错纠错机制试点中政府组织行为、干部个体行为和公众行为的不同偏好，并窥探他们各自的理性选择对容错纠错机制试点的影响，进而找准完善干部容错纠错机制的合理维度。

第二节
容错纠错机制实施中相关方的行为偏好

虽然政治学分析范式总体上有一个"历史制度主义—行为主义、理性选择—新制度主义"演进的过程，[①]但并不能武断地认为这

[①] 高春芽：《方法论范式变迁视野中的新制度主义政治学》，载《政治学研究》2010年第5期。

廉能激励相容
新时代清廉评价与建设探索

是一个简单的先进性替代进展。① 因为,"政府行为研究的三个分析范式先后迭起,并非简单的彼此替代的关系"②。尤其是当前有关政治与政府的研究还普遍缺乏对人类行为认知过程的关注,③行为主义政治学的分析不能简单越过。行为主义政治学和理性选择理论尽管一个侧重制度与心理认知、情感的关系,④而另一个侧重制度与经济利益或经济动机的关系,⑤但研究的重心都是政治行为,可以说是殊途同归。正如布坎南指出的,理性选择理论引发了"研究政府和政府活动方面的方法论革命"⑥。如果说制度(政策)过程是一种多方合作行为,那么相关各方的价值判断和利益取舍必定是影响这种合作行为及其结果的关键因素。因此,在政治制度、政府政策和公共服务输出绩效评价及其影响因素的研究中,采用行为偏好结合理性选择分析的方法,可以完整地洞察制度提供者与受众各自在心理价值和利益选择影响下的行为偏好,从而避免单向度的"价值—行为"化约论和"利益—行为"功利主义,并重构一个"心理价值—利益选择—行为偏好"的复合分析框架。

需要说明的是,在以往的行为主义政治学(行为公共管理学)研究中,通常将政府行为过程与公众行为过程的互动关系作为分析的

---

① 新制度主义其实是历史制度主义、理性选择制度主义和社会学制度主义的有机融合。See P. Hall and R. Taylor, Political Science and the Three New Institutionalisms, *Political Studies*, Vol. 44, Iss. 5, 1996, pp. 937-949.
② 周飞舟:《政府行为与中国社会发展——社会学的研究发现及范式演变》,载《中国社会科学》2019年第3期。
③ 马骏:《中国公共行政学:回顾与展望》,载《中国行政管理》2012年第4期。
④ 〔美〕加布里埃尔·A.阿尔蒙德、西德尼·维巴:《公民文化》,徐湘林等译,东方出版社2008年版,第13页。
⑤ 丹尼斯·C.缪勒就把理性选择理论"简单定义为是经济学运用于政治科学的分析"。参见〔美〕丹尼斯·C.缪勒:《公共选择理论》,杨春学等译,中国社会科学出版社1999年版,第4页。
⑥ 〔美〕詹姆斯·M.布坎南:《经济学家应该做什么》,罗根基等译,西南财经大学出版社1988年版,第IX页。

第五章
容错纠错与干部"廉能耦合"

两个支点。① 这种研究预设了政府组织与政府公职人员的心理价值和利益动机是一致的,这或许指的是两者的应然属性,但由此而忽略两者的实然偏好存在张力却是值得商榷的。因为,这不利于"分析政府内部的复杂运行机制",容易"陷入对政府行为分析的整体化想象"中。② 因此,严谨的行为主义政治学(行为公共管理学)研究应该分析党政组织、干部(公职人员)个人和公众三方的行为偏好。

特别是在容错纠错机制试点中,干部(公职人员)是机制的直接受众,同时又夹带个人的心理价值和利益动机参与机制设计和实施,未必与作为组织的党政管理机关的价值和目标动机完全重合。一般公众看似与干部容错纠错机制没有关系,但实际上他们是间接受众,因为他们承受着受容错纠错机制调节后的干部行为调整的后果。这样,融合行为分析和理性选择方法,盖及党政组织、干部个人和公众行为在干部容错纠错机制的行为偏好互动关系分析架构就可以顺理成章地建构起来(见图 5.1)。

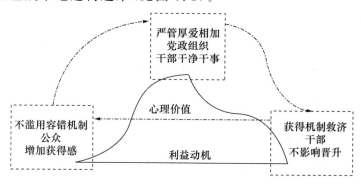

图 5.1　干部容错纠错机制的行为偏好互动关系

---

① 张书维、李纾:《行为公共管理学探新:内容、方法与趋势》,载《公共行政评论》2018 年第 1 期。
② 周飞舟:《政府行为与中国社会发展——社会学的研究发现及范式演变》,载《中国社会科学》2019 年第 3 期。

廉能激励相容
新时代清廉评价与建设探索

一、心理价值—行为偏好

在政治心理—行为分析维度中,有"自主动机"(autonomous motivation)和"控制动机"(controlled motivation)两个具有杠杆作用的支点。① 前者多基于价值认同形成,而后者多由外在环境嵌入,两者作用一起,会产生一升一降的"动机排挤现象"。② 也就是说,主体在内在自主动机受到较少、较弱的外在控制动机干扰时,会作出与自主价值判断一致的行为;反之,控制动机就会僭越(或转化为)自主动机,作出与初始价值认同不一致的行为。

解释各方在容错纠错机制试点中的行为偏好,可以从分析各方所持的心理价值或动机是否一致及可能对各方行为偏好产生怎样的影响入手。从这一视角看,组织层面的党政管理机关在容错纠错机制试点中的自主动机无疑是给勇于改革创新的干部提供制度保障,只要符合容错纠错的条件就应该启动机制。③ 但组织层面的自主动机受到干部和公众对容错纠错机制的价值认同的约束,这可视作组织行为的控制动机。就干部个体而言,其自主动机虽然也希望在工作出错时有相关机制的救济,免去后顾之忧,但问题是,组织层面界定的应容之错与干部心理希望可容之错不可能完全重合。就公众而言,他们的自主动机是干部秉公办事、党政组织不滥用容错纠错机制,容错纠错机制不能沦为"官官相护"的私器,但在具体操作过程中,可能会发生同类错误在不同干部身上得到的机制救济机

---

① R. M. Ryan and E. L. Deci, *Self-Determination Theory: Basic Psychological Needs in Motivation, Development, and Wellness*, The Guilford Press, 2017.
② B. S. Frey and R. Jegen, Motivation Crowding Theory, *Journal of Economic Surveys*, Vol. 15, Iss. 5, 2001, pp. 589-611.
③ 竹立家:《容错与问责》,载《中国党政干部论坛》2016年第8期。

第五章
容错纠错与干部"廉能耦合"

会未必公平公正的"护短"现象。① 干部个人心理期待的容错机会不均等和公众心理对容错纠错机制适用不当的担忧,都对党政组织启动容错纠错机制和干部申请或接受容错纠错救济构成约束性的控制动机。而地方政务信息公开和干部纠错行为成效的既往表现又是公众能否客观认同容错标准、容错事实和容错处置结果的控制动机。因此,在自媒体环境下,为避免身陷"莫须有"的舆论纠缠,党政组织的行为偏好往往是不愿轻易启动容错纠错机制,而干部个人则是不愿主动申请容错纠错机制。从中可以看出,党政组织、干部个人和公众在推进容错纠错机制试点中,一定程度地存在"自主动机—控制动机—自主动机"连环约束的关系。

二、理性利益选择——行为偏好

理性选择理论认为,尽管在决定行为的因素序列中利益不是唯一的,但却没有其他因素能与"'理性地追求既定目标'所占的分量相比"②。这一分析路径旨在强调需要根据相关各方的理性利益选择来推进制度变革,通过提高制度效能来调适各方的行为偏好。因此,观察党政组织、干部个人和公众三方在容错纠错机制试点中的理性利益选择是否一致及其内含的相互关系,也有助于解释各方对待容错纠错机制的行为偏好。先从党政组织角度看,启动容错纠错机制希望达到的效果是既激发干部勇于干事,又保障干部干净干事,不在公务活动中夹带私利。这可以说是一个理想的目标定位。但干部个人申请容错纠错机制救济的理性目标选择则通常是从底线上考虑的,那就是不留案底,不在事后影响个人发展。不过,由于

---

① 蒋来用:《以务实精神合理创设容错机制》,载《人民论坛》2016年第11期。
② 〔美〕乔治·施蒂格勒:《乔治·施蒂格勒回忆录》,李淑萍译,中信出版社2006年版,第158页。

任期制的原因,一些地方的制度承诺往往需要当政领导的承诺的背书,因此,干部个人对是否申请容错纠错机制救济的顾虑并不能完全由该制度的文本承诺所化解。这说明党政组织和干部个人在容错纠错机制试点中的利益选择存在耦合缝隙。再考虑公众在其中的理性选择问题就更复杂了。因为,公众对政府制度信任的目标期待都是以增加获得感、满意度为前提的。[①] 也就是说,如果不改善公共服务质量,公众对容错纠错机制的态度就是不关注、不支持甚至反对。而凡是需要启动容错纠错机制救济的公务行为,又必定有出错的客观事实或相关方出现利益纠纷。要取得公众的理性支持必须确保容错纠错的事实和处理过程在信息上是对称的,同时能让公众看到受到容错纠错机制救济的干部此后一定能有令人满意的新作为。可以说,三方利益选择耦合的条件并非轻易就能满足。

三、心理价值—利益选择—行为偏好

如果说上述分析仅仅是分别从"政治人"和"经济人"假设作出的简单抽象,那么,综合价值与利益的分析,将从容错纠错机制涉及的政治价值、地方发展、干部利益和社会认同等多维因素进行考虑。因为,各方理想型的行为偏好应该是这些因素的有机统一。[②] 但通常情况是,在推进容错纠错机制试点中,一方面,党政组织、干部个人和公众三方各自的心理价值和利益目标对各自行为偏好的影响不同,或者说各自的行为偏好在双重因素的推拉下存在波动;另一方面,三方各自的心理价值和利益目标所关注的重心不同,由此形

---

① 梁红、王娜:《政府型制度信任——对天津和乌鲁木齐两市社会信任状况的抽样调查》,载《公共管理评论》2004年第2期。
② 藏雷振、翟晓荣:《政府行为偏好与约束机制的政治学解释》,载《公共行政评论》2018年第4期。

第五章
容错纠错与干部"廉能耦合"

成的三方行为偏好也会相互约束。这正是制约容错纠错机制试点成效的重要引因。

先看第一层面,党政组织基于价值导向形成的行为偏好是充当干部改革试错的"激励之手",但基于利益选择,作为发展型地方政府的行为偏好是有益于地方的"发展之手"。① 如果改革试错与地方发展利益之间存在张力,地方党政组织对是否启动以及如何适用容错纠错机制就会有选择空间。干部个人对容错纠错机制也有两种行为偏好,即心理价值定位的"救济之手"和利益选择定位的"机会之手"。当容错纠错机制所承诺的不影响干部发展机会不确定时,干部就不会因为有"救济之手"的保障而勇于担当,而可能选择不出错但也不出彩的方式履职。这样一来,地方党政组织期望的"发展之手"就会落空。公众对容错纠错机制的价值认同是发挥对组织不滥用容错权、干部少出错的"监督之手",其利益选择定位在增加获得感的"保障之手"。同样,如果受到容错机制救济的干部日后不能有新作为,改变公众对他的形象认知,那么公众对容错纠错机制作为"监督之手"的价值认同就会减弱。再看第二层面,党政组织在容错纠错机制试点中重点关注的因素是政治价值、地方发展和公众的感受;干部个人则重视机制对自身发展的保障度和自己在公众(包括同事)心目中的形象变化;公众紧盯的是干部行为的变化和由此带来的获得感是否提升。显然,决定三方行为偏好的因素并未有机重合,而是存在一定的错位空间。因此,寻找促进三方从各自的行为偏好向"兼顾之手"②转变的路径便成为提高容错纠错机

---

① 郁建兴、高翔:《地方发展型政府的行为逻辑及制度基础》,载《中国社会科学》2012年第5期。
② 藏雷振、翟晓荣:《政府行为偏好与约束机制的政治学解释》,载《公共行政评论》2018年第4期。

廉能激励相容
新时代清廉评价与建设探索

制合理性的关键所在。

从多重行为偏好中选择"兼顾之手",需要党政组织、干部个人和公众都作出求同但不存异的取舍。这既不同于规范决策中的效用最大化取舍过程,也不像"齐当别"决策[①]那样,只是在诸多选项中寻找和利用"弱优势"因素,"在一维度上将差别较小的两个可能结果人为地'齐同'掉,而在另一维度上'辨别'差别较大的两个可能结果作为最终抉择的依据"[②],而是需要各方对容错纠错行为的心理价值、利益选择和威胁感知[③]进行多轮次的沟通与权衡。在容错纠错机制实施中各方面临的威胁感知主要是指,一方行为偏好如果不能合理回应另外两个相关方的行为偏好需求将面临的负面评价或指控。比如,党政组织如果不顾及干部个人感受和公众的需求,可能会被指是不近人情、没有人文关怀的"命令之手";同理,干部个人可能要背上不作为的"消极之手"的谴责;而公众则可能被视为狭隘利己的"自私之手"。由于每一方采取何种行为所依据的心理价值、利益选择和负面威胁不同,因而各方对启动容错纠错机制的初始行为偏好通常不一致。要使各方行为偏好去异求同、汇聚共识,达成"兼顾之手",就需要各方有一个相似的维度去校准各自对容错纠错机制的心理价值,比较各自在其中的利益选择,权衡采取否定行为时的不利威胁。那么,各方可接受的审视容错纠错机制合理性的维

---

① "齐当别"决策是"齐同"和"别异"的组合,依据价值维度和利益非补偿原则进行效用齐同和威胁别异。参见张书维、李纾:《行为公共管理学探新:内容、方法与趋势》,载《公共行政评论》2018 年第 1 期。

② 周飞舟:《政府行为与中国社会发展——社会学的研究发现及范式演变》,载《中国社会科学》2019 年第 3 期。

③ 威胁感知类似于行为决策中的负面清单,如不考虑这些因素或不作出某种行为可能带来较大不利影响,是"齐差""求辨"过程的重要影响因素。See J. Keller and Y. E. Yang, Problem Representation, Option Generation, and Poliheuristic Theory: An Experimental Analysis, *Political Psychology*, Vol. 37, Iss. 5, 2016, pp. 739-752.

度应涵盖哪些方面呢？下面,我们从理论和案例两个层面析出。

第三节
行为偏好整合与容错纠错机制合理性的理论维度

哈贝马斯(Jürgen Habermas)曾把论证合理性问题的进路归结为对话,认为它是一种通过谈判达成共识的理性沟通方式,这种合理性的沟通不是形式上的合理,而是实质上的合理,共识取得源于主体之间的彼此信任、彼此理解及知识共享等。[①] 就容错纠错机制的合理性讨论而言,各方达成合理性共识的过程,就是不断调适各自行为偏好形成"兼顾之手"的过程,也可以说是一个求取三方行为偏好最大公约数的过程,需要统筹考虑机制适用的法理价值、适用效果和执行方式的合理性。其中,机制及适用过程的法理价值是前提,适用内容所达成的问题治理效果是支撑,而适用方式的情理关怀是催化剂。

一、法理维度:有利于干部积极作为的价值导向

之所以要从法理维度整合各方的行为偏好,就是要强调合理的容错纠错机制是一种依法行政的机制。容错纠错机制的法理价值虽根植于机制文本的规范,但必须转化为党政组织、干部个人和公众的实践共识。它源于应对改革创新事业是一场触动利益深层变革的宏观背景,又着眼于改变改革者可能因此遭受各种非议乃至诬

[①] 〔德〕哈贝马斯:《在事实与规范之间》,童世骏译,生活·读书·新知三联书店2003年版,第331页。

廉能激励相容
新时代清廉评价与建设探索

告而产生不作为或慢作为、庸政或懒政的微观环境。基于此,相关各方都应接受也能接受的机制价值共识就必然聚焦于:是否有利于改革者积极作为。

新时代是踏踏实实干出来的。① 容错纠错机制不论是文本精神还是实施目标都必须首先引导干部迎难而上解决矛盾,挺身而出应对危机,发挥激励干部主动承担责任,与歪风邪气作斗争等积极作为的功能。这包括:为改革创新者提供容错纠错的制度保障,助力干部消除后顾之忧,摒弃"怕而不为""避错不为"的错误心态,从而把心思真正集中在创业干事上;②解决"多干就会多错、少干就能少错、不干就不会错"的体制障碍,为干部营造良好的创新创业氛围;③释放鼓励干部"敢于担当、勇于创新、积极履职"的用人信号。④这些都是容错纠错机制获得法理价值合理性的基础。同时,也唯有激励干部实干,才能既实现地方党政组织希望的"发展之手"的目标,又能满足公众获得感的"保障之手"的期许,干部个人才会有职业生涯的"机会之手"。可以说,激励干部干事是三方在容错纠错机制实施中达成"兼顾之手"的先决条件。

但是,为干部排忧解难也必须依法行事。因此,应从法理上对可容之错的界定清单化,夯实相关各方达成适用容错纠错机制共识的法理基础,减少容错纠错机制适用中的协调和争讼成本。按照习

---

① 《新华社社评:奋斗,为了我们的新时代——2018年新年献词》,载《人民日报》2017年12月30日第1版。
② 郎佩娟:《容错纠错机制的可能风险与管控路径》,载《人民论坛》2016年第11期。
③ 丰存斌:《建立容错机制 推动形成良好的用人导向》,载《中国党政干部论坛》2016年第8期。
④ 王金柱:《容错纠错机制决非权宜之计》,载《人民论坛》2017年第26期。

第五章
容错纠错与干部"廉能耦合"

近平总书记多次强调的"三个区分开来"①精神,在客观公正地对改革创新中出现的失误性质进行辨别与区分的基础上,可将以下五类情况纳入容错清单:(1)制度政策、法律法规未明确禁止的行为;(2)因不可抗拒、国家政策调整或上级因素导致工作未能达到预期目标的行为;(3)符合依法、科学、民主决策程序推进的改革创新行为;(4)干部主观上求真务实、遵守廉洁从政的规定,且实质未为利害关系人或自己谋取私利的行为;(5)在改革创新和攻坚克难的工作中出现偏差或失误后,干部干事勇于担当、主动采取补救措施,最大限度地弥补损失或消除不良影响的行为。尽可能从行为初衷、法治、程序、后果和处置等方面守牢容错纠错机制适用的法理正当性。②

二、治理维度:取得公共利益优先的成效

之所以要从治理维度整合各方的行为偏好,就是要强调合理的容错纠错机制是一种提升国家治理体系和治理能力现代化的机制。"以人民为中心"的发展观是习近平新时代有中国特色社会主义思想的一个核心内容,激励干部积极化解社会矛盾,实现社会发展和公共利益目标是干部容错纠错机制设立的依归。但是,公共利益既

---

① 习近平总书记在2016年省部级主要领导干部贯彻党的十八届五中全会精神专题研讨班上的讲话中指出:"要把干部在推进改革中因缺乏经验、先行先试出现的失误和错误,同明知故犯的违纪违法行为区分开来;把上级尚无明确限制的探索性试验中的失误和错误,同上级明令禁止后依然我行我素的违纪违法行为区分开来;把为推动发展的无意过失,同为谋取私利的违纪违法行为区分开来。"参见习近平:《在省部级主要领导干部学习贯彻党的十八届五中全会精神专题研讨班上的讲话》,人民出版社2016年版。

② 容错纠错机制试点中应该"五看",参见戴立兴:《"错"与"非错"的标准如何厘清》,载《人民论坛》2017年第26期。

廉能激励相容
新时代清廉评价与建设探索

是客观的,也是主观的。① 从不同维度衡量,一个具体行政行为所调节的利益关系既可能存在实质的冲突,也可能存在认知的歧见。一方面,公共利益本体上是指社会共同利益,但在价值上有一个从一般公共利益到核心公共利益的进阶序列,在范围结构上也有一个从群体公共利益、地方(区域)公共利益到全社会(国家)公共利益乃至人类命运共同体利益的递进序列。不论在价值上或者结构上,不同层面所体现的公共利益都不会是无缝对接的。干部的某个具体行政行为有可能满足了其中某个层面的利益诉求,但未必与其他层面的利益诉求完全重合。另一方面,公共利益的代表和成效评价上也经常比较模糊。比如政府既定的经济社会发展目标与行政行为所调节的公众利益目标,或者大众利益目标与小众利益目标,就经常纠缠在一起,哪一个更接近法理界定的公共利益目标,是一个具有挑战的协调过程。罗尔斯(John Rawls)提出合理性要以沟通和尊重为前提,认为"尽管合理性带有认知元素但它并不属于认识论思想,它是理性公民的政治理想。这一理想要求作为合理、自由和平等的公民应该相互尊重各自合理的观点"②。

但无论如何,一个能触发干部容错纠错机制的行为一定有一个利益冲突点或者说问题争端点,干部容错纠错机制如何适用才算合理?关键是看适用过程是否抓住或有利于主要矛盾、矛盾的主要方面的解决。从治理维度看,主要看"三治":一看"治事",即看是否有利于实现党政组织确立的经济社会发展目标,核心是看是否朝着令公众满意的方向化解了问题的冲突点;二看"治吏",即看是否有利

---

① 正如萨缪尔森(Paul A. Samuelson)从客观属性来界定公共物品,而布坎南则从主观属性来界定公共物品。作为公共物品的核心要素的公共利益也可以从这两方面来衡量。

② 〔美〕约翰·罗尔斯:《政治自由主义》,万俊人译,译林出版社2000年版,第62页。

第五章
容错纠错与干部"廉能耦合"

于解决干部队伍中存在的官僚主义、形式主义,核心是看是否让"慵懒散慢"无处藏身;三看"治绩",即解决问题的实际成效如何,核心是看是否增加了公众获得感。其中,"治事"是前提,"治吏"是保障,而"治绩"是根本。因此,在干部容错纠错机制适用过程中,不论是干部主动请罪问责(包括免责),还是地方党政组织依规问责,党政组织在作出对干部进行问责或容错免责的决定时,都应在兼顾各层面的利益诉求中,优先突出是否有利于实现公众利益的"保障之手",这里尤其要避免党政组织主观而不加沟通地将地方发展目标凌驾于公众利益目标之上的行为。正如密尔(John Mill)所说,公共权力的合理性在于"通过科学的方式教化公民和对待公民,最终能够促进国家进步、社会团结稳定和人民幸福"[①]。干部在具体行政行为中应积极创新,增强党政组织的"发展之手"与公众利益的"保障之手"的弥合性。公众层面则应自觉将其所代表的小众利益向大众利益的方向集合,并主动与党政组织确定的经济社会发展目标融合。这样才能跳出利益冲突的"闭锁环",为各方行为偏好和利益选择走向"兼顾之手"奠定基础。也可以说,如果看不到明显的治理效果提升,相关各方都不会认可容错纠错机制的合理性。

三、情理维度:适度容错与科学纠错结合的人文关怀

之所以要从情理维度整合各方的行为偏好,就是要强调合理的容错纠错机制也是一种激励干部担当干事的保障机制。通常意义上讲,干部担当创新对干部发展来说是机遇也是挑战。干好了,干部有机会打开成长的空间;干不好,干部的职业生涯就可能陷于停顿。在面临诸多体制机制的掣肘和不确定工作环境的约束下,出于

[①] 〔英〕J.S.密尔:《代议制政府》,汪瑄译,商务印书馆1982年版,第29页。

廉能激励相容
新时代清廉评价与建设探索

干部理性选择的本能,干部就可能对需要创新担当的任务挑肥拣瘦,甚至出工不出力。建立容错纠错机制就是要打破这种常规思维,让依法合理担当的干部,即便有些瑕疵、没有达成既定目标,也有发展机遇。这就需要党政组织有更多厚爱干部的情怀,制定适度容错的机制;社会要有更大包容干部出错的公民文化,给干部纠错的时空环境;干部自身则要有不依赖容错的自觉精神,主动开展科学纠错的实际行动。全面把握对干部的人文关怀内涵,需要将党政组织与社会公众宽容干部合规创新中的失误同干部主动科学纠错有机统一起来。

一方面,党政组织与社会公众宽容干部合规创新中的失误所体现的对干部的人文关怀是辩证的马克思主义阶级情感。马克思主义者不反对感情,但不片面讲感情。[①] 这种辩证的情理包含了"情"与"理"两方面的内容,"情"代表人的因素,是可变的;"理"则代表法则,是不变的。[②] 情感和理性是人文关怀的一体两面。"只有充分考虑到人性才是所谓的讲情理"[③]。而所谓不片面就是要设身处地考虑干部工作的实际条件,有网开一面讲情感的客观缘由。恰如不完全契约理论指出的,由于当事人的有限理性、信息的不完全性、语言使用的模糊性等因素的存在,使得缔约双方无法在契约中对未来可能发生的一切情况作出明确规定,即双方签订的契约是不完全的。因此,缔约双方允许根据现实中发生的情况作出适当的调整,如果契约双方在事后能通过重新谈判对事前未详细描述和说明的条款有效地完善契约,保护各方的利益,这种事后的谈判是法律允许的。由契约的不完全性导致行为方的行为超出契约的可预见范围,或者

[①] 理论动态组:《马克思主义和感情》,载《理论动态》第40期(1978年1月30日)。
[②] 肖群忠:《论中国文化的情理精神》,载《伦理学研究》2003年第2期。
[③] 林语堂:《中国人》,郝志东等译,学林出版社1994年版,第123页。

第五章
容错纠错与干部"廉能耦合"

在不可预见的情况下,行为方采取规避风险或挽回损失的机制设计和制度安排均符合情理。① 这种设计和安排的要义在容错纠错机制实施中同样适用。比如,干部在特殊工作压力和环境中出现的失误,或者处于紧急状态下无法按照正常的程序和规则作出决策出现的失误或错误,就类似于不完全契约情形中的不确定性风险,允许重新定义行为的合理性,应秉持行政应急原则将其纳入优先容错类型,对责任人可减轻、从轻或免于问责。此外,党政组织在对干部工作上适度容错的同时还要积极对被容错或问责干部进行心理干预,消除干部对职业生涯的心理阴影,重点帮助解决干部因工作失误引发的悲观情绪、家庭关系紧张等问题。

另一方面,干部积极、科学地纠错应构成党政组织和社会公众宽容干部失误的条件。也就是说,容错与纠错要同步进行。容错免责不是不纠错,而是给予敢于担当的干部及时纠正错误的体制和人文环境,以便其更好地总结经验教训,从容全面地纠正偏差。正如邓小平指出的,干部所犯的错误"要赶快纠正,不要掩饰,不要回避"②。容错不是要遮掩错误为干部干事护短,而是督促干部直面问题。这就要求干部对出现的失误要有主动担责的勇气和科学纠正错误的实质行动。比如,干部在工作中,不论是出现未达到党政组织"发展之手"的期望,还是难以满足公众利益的"保障之手"时,都要主动向组织提请问责或暂停原有行动。因为和积极作为一样,纠错和止损也是有利于兼顾地方"发展之手"、公众利益"保障之手"和干部自身发展的"机会之手"的基本举措。

综上所述,从法理、治理和情理三个维度来审视干部容错纠错

---

① 〔美〕哈特:《企业、合同与财务结构》,费方域译,上海三联书店、上海人民出版社1998年版,第27页。
② 邓小平:《邓小平文选》第3卷,人民出版社1993年版,第288页。

机制的合理性,有利于党政组织、干部个人和社会公众从法理价值校准、效用选择和威胁感知三个层面调适其行为偏好(见图5.2)。从法理维度看,容错纠错机制所涉三方的价值校准求同应在组织"激励之手"基础上聚焦;从治理维度看,三方的效用选择求同应在公众利益"保障之手"基础上聚焦;从情理维度看,三方的威胁感知求同应尽量避免因党政组织的"命令之手"、公众的"利己之手",而令干部落入不作为的"消极之手",否则,将威胁三方在容错纠错机制中的价值和利益选择共识。

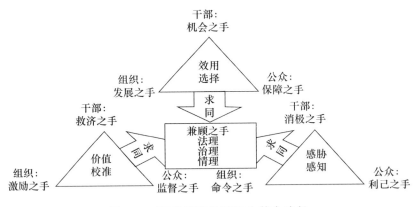

图5.2 容错纠错机制行为整合路径

第四节
巧用容错纠错机制促进干部"廉能兼优"成长

为分析方便,我们分别选取了党政组织、干部个人和公众在容错纠错机制实施中作为主要矛盾来源方的三个案例,析出如何有机融合法理、治理和情理维度促成容错纠错机制实施中相关各方实现

第五章
容错纠错与干部"廉能耦合"

行为偏好整合,达成"兼顾之手"的容错纠错方案的路径。

一、党政组织主动纠偏"发展之手"——以浙中 1 为例

浙江省在 2013 年启动的"三改一拆"工作①是全省各级政府的重要工作任务,其目标是促发展、拓空间、优环境、保稳定、惠民生。为此各级党政组织都分解任务、压实责任,不少基层还实施了"末位淘汰"和"一票否决"制。浙中 1 也不例外。为保证工作进度,县政府一开始就宣告,将对在"三改一拆"工作中进度缓慢、排名靠后的乡镇街道负责人进行问责。

2013 年,史某调至某街道办事处任主任时,他面临的是多个历史遗留问题,其中多数涉及复杂的土地问题以及街道与村民之间"猫抓老鼠"式的拆迁—抢种青苗拉锯战。他采取"做足动员、确保稳定、边谈边拆"的方针,推进拆迁改造工作。2015 年 9 月,该街道的拆迁进度位于全区的末两位,县纪委启动了对史某的问责调查。史某和街道同仁虽心感委屈,但基于已签订责任状,且拆迁工作排名末两位的事实,未提出免责申请。好在县纪委经过调查发现,该街道不仅拆违量大,且处于拆违工作难度较大的区域,拆迁中街道社会总体稳定。工作进度落后不是由于领导主观上的工作推诿或工作安排失当造成的。如果再对责任人问责,会伤害广大干部的工作积极性。依据容错纠错机制的规定,县纪委最终作出了不予问责的决定。2016 年,史某被任命为街道党工委书记。

案例呈现了地方党政组织如何通过自我纠偏片面的"发展之手",主动调适其在容错纠错机制试行中的心理价值、利益选择和威

---

① "三改一拆"是指浙江省政府决定自 2013 年至 2015 年在全省深入开展旧住宅区、旧厂区、城中村改造和拆除违法建筑,简称"三改一拆"。

胁感知,有效兼容干部和公众的行为偏好,使容错纠错机制收到"兼顾之手"成效的路径。

案例中浙中1最初主导容错纠错机制的心理价值无疑是党政组织的理性选择——地方"发展之手",基于这一行为偏好确立了以拆迁进度作为衡量容错问责的标准,并依此和下级单位及其工作人员签订责任状,实行"一票否决",使地方"发展之手"上升为容错纠错机制启动的法律价值准则。这实质上限制了其他相关方对容错纠错机制的心理期待空间,比如,干部希望出现特殊情况未完成任务时,容错纠错机制能充当他们的"救济之手",公众希望容错纠错机制能对维护他们合法利益的干部充当"保障之手"。如果依此适用容错纠错机制,势必导致干部采用"劣币驱逐良币"式的拆迁,既不保证拆迁质量,也不保障被拆群众的正当权益。县纪委正是在地方"发展之手"、干部"救济之手"和公众利益"保障之手"之间进行了合理的校准,有机兼顾了干部工作的难易程度、工作方式以及工作质量等特殊情况,又充分顾及了慢进度拆迁方式带来的社会稳定效果,才作出了不简单按照拆迁进度处罚干部的决定。

虽然在容错纠错机制的适用中,法理标准是前提,但实际治理成效和工作方式在情理上的可接受性都应纳入机制需要特殊考虑的因素。县纪委降低地方"发展之手"在容错纠错机制中的法理价值地位,正是史某及其街道工作人员拆迁工作所取得的治理成效和采取的情理工作方式共同作用的结果。案例中县纪委在问责对象拆迁进度落后之"过"与其采取的温情拆迁方式所取得的稳定治理成效和公众良好认可性之间,作了以后者为主导的求同抉择。校准了以简单的工作进度为标准的地方"发展之手",使之与干部希望的"救济之手""机会之手"和公众获得感的"保障之手"有机统一起来。所以,即便史某未自主申辩,他也被免责。县纪委也因此避免了被

第五章
容错纠错与干部"廉能耦合"

指责"不近情理"的不利威胁,而公众也在有情有利的拆迁中收获了满满的获得感。

二、干部个人主动放弃"救济之手"——以浙北 1 为例

浙北 1 有大量的河湖交叉地貌。滩区迁建是该区的重点工作,也是一项重要的民生工程。2017—2018 年,该区开展了两期滩区迁建试点。

在其中 L 镇的一个滩区,位于堤南的村庄经济发展滞后,自 20 世纪 60 年代初开始,群众就在进行围堤保地,大大缩窄了行洪的通道,加上河流中游河底比较平缓,泄洪能力下降,延长了洪水滞留的时间,抬高了水位。特别是近年来很多居民开始在行洪滩区上建房,并且没有任何防洪措施。当洪水来临,上滩行洪时,大量房屋坍塌,大面积的农田被冲毁,人们的生产和生活极不稳定,大量人口亟待转移。该镇决定统筹推进旧居搬迁、新村建设和护堤防洪工作,主动向区委请缨开展滩区迁建试点,将堤南村搬迁至堤北。但因乡镇统筹资源能力有限,搬迁计划没有很好地兼顾堤南和堤北两村的土地划转和居民的利益补偿,也未做扎实搬迁思想动员工作。一些不满意搬迁的人便以讹传讹,堤南村和堤北村两村居民之间时常产生冲突,社会不稳定因素增加。滩区迁建工作进展缓慢,严重拖慢了护堤防洪工作。

问题出现之后,镇党委书记没有推诿责任而是主动向区纪委检讨,并请求处罚。纪检监察机关依申请事项开展调查,认为镇党委的过失尚可补救。有关领导与群众代表、法律人士、乡镇机关工作人员一起协商,认真听取群众需求,征求群众意见。区委责令镇党委纠错,重新调整工作方案,强化统筹协调,健全推进机制,狠抓督导落实。最终,堤南村与堤北村居民的矛盾得到缓解,滩区迁建重

廉能激励相容
新时代清廉评价与建设探索

回正轨。

案例呈现了干部个人如何通过主动放弃"救济之手",积极按照上级组织的指导和公众的利益诉求调适其在容错纠错机制试行中的心理价值、利益选择和威胁感知,有效兼容地方和公众的行为偏好,使容错纠错机制收到"兼顾之手"成效的路径。

案例中L镇党委及其书记有主动创新的主观意愿,也有工作失误的客观事实,还有产生不良影响的社会反应。可以说,具备了启动容错纠错机制的全部条件。其中,因迁建工作方式的瑕疵引发两村村民冲突增多和社会不稳定的不良治理效果是适用容错纠错机制的事实基础,而镇党委书记未兼顾相关方利益的工作失误就是应纠之错的内容。依此,区纪委完全可以对L镇党委书记进行问责。但L镇也有提出免责的理由:他们是主动请缨加入迁建试点的,统筹旧居搬迁、新村建设和护堤防洪的迁建思路也确有创新价值,所犯错误又不在党和国家法规政策明令禁止之列。可以说,免责也是于法于情有据。但区纪委若置之不理,两村村民不会答应,后续社会稳定难度加大。此时,镇党委书记主动请求问责处分,积极纠错止损,放弃对容错纠错机制作为"救济之手"的价值偏好,是扭转区、镇和村民三方在迁建利益被动关系中的关键举动。

一方面,区纪委得以及时介入调查,代表上级组织表达对村民利益诉求的关心,打消村民对容错纠错机制可能充当干部"保护之手"的担忧,又可以动员更多资源切实为基层镇街出谋划策、排忧解难,充分发挥容错纠错机制对干部担当的"激励之手"作用。更重要的是,通过多方会商,形成了区、镇和村三方满意的迁建方案的工作思路,地方"发展之手"也得以彰显。另一方面,村民因为镇党委主动请求问责的举动引入了更多的化解迁建利益冲突的资源,得到了更多的迁建保障,使他们不仅在容错纠错机制适用中收获了更多的

第五章
容错纠错与干部"廉能耦合"

获得感,更具体参与了容错纠错机制对干部纠错问责的过程,实现了他们对机制"监督之手"的心理价值偏好。基于此,村民在情理上也能接受对镇党委书记免责的处理结果。而镇党委书记未被问责但有效地纠错,其对容错纠错机制期许的"救济之手"和"机会之手"偏好又都得到了保全。可以说,三方都各得其所,容错纠错机制完美地兼顾了各方的价值、利益和威胁感知偏好。

三、社会公众主动舍弃"保障之手"——以浙南 1 为例

几十年来,浙南 1 的 R 镇水产村村民就是"靠水吃水",以水产养殖而生。一代又一代的承包者在水里投放网箱。养鱼虾、种菱角,养河蚌、种珍珠。经济效益可观,但也对水体造成了几乎不可逆转的破坏。对于越来越差的水环境,R 镇党委书记陈某一直想治理。终于在省里的统一部署下,浙南 1 推行全域"河长制"管理建设项目计划。陈某决定抓住养殖水塘的新一轮承包即将开始的机会,收回分散承包在村民手中的水域,改由水产村集体承包管理。

由于不能保证个人承包者会为了水域长远的生态环境而放弃眼前经济利益,陈某提出不公开招投标,先以市场价统一将水塘流转给镇政府,再找承包者进行生态养殖。不过,上一期承包合同有既有承包人优先承包的条款。可若是仍然按照以往公开招标、分散承包的办法,在水域治理已迫在眉睫的情况下,这片被污染水域的治理工作只能等到下一个六年承包期到期后才能开始。然而,镇里的这一做法并没有得到部分既有承包村民的认可。他们就此问题写信信访,直指镇党委书记借"五水共治"的名义私下将鱼塘承包给村党支部书记。

县纪委根据《关于建立健全党员干部容错免责机制的实施办法(试行)》的规定,对陈某、获得承包管理权的村干部和村民进行了详

廉能激励相容
新时代清廉评价与建设探索

细的调查,指出了镇党委在新一轮承包程序中的工作瑕疵,并对信访村民进行了深入的治水政策辅导和思想动员,同时指导镇、村两级完善新的承包管理和收益分配办法。最后,信访村民主动放弃了优先续包权,接受了镇政府的决定。虽然该镇党委书记陈某本人未主动提出容错免责申请,但县纪委根据上述办法的精神和原则,最终未对其作出实质性的处罚。

案例呈现了公众从通过信访请求对干部追责到主动舍弃容错纠错机制的利益"保障之手"的行为偏好转变过程,从中可以阐释公众何以接受党政组织和干部的指导,调适其在容错纠错机制试行中的心理价值、利益选择和威胁感知,有效兼容地方和干部的行为偏好,使容错纠错机制收到"兼顾之手"成效的路径。

案例中,镇党委书记陈某及镇政府不走招投标程序来决定水面承包权属,且不顾及既有承包人的优先续包权,其行为的合法性条件存在缺损。但其追求的环境治理价值优先于承包人获得经济效益的价值,且前者的不可得不能由后者的可得补偿,属于典型的利益非补偿的别异情形。[①] 在情理上,陈某的行为没有为自己、他人和任何单位谋取私利,也可接受。而参与信访的既有承包人的优先续包权有合同和国家法律的保障,他们基于承包合同保障的经济收益在法理和情理上都无可非议。他们通过信访启动对陈某和镇政府的问责来实现其利益"保障之手"的心理期望也顺理成章。但从结果导向的治理维度而论,如果村民坚持优先承包权,按以往的方式承包经营,水域环境的不可逆转破坏就得不到修复,承包村民的经济效益也缺乏可持续的保障。作为上级党政组织的县委和县纪委如何介入干预,才能帮助具体行为人陈某和镇政府以及既有承包村

---

① 即可以按前者价值的优先序列进行决策。

第五章
容错纠错与干部"廉能耦合"

民调整其心理价值、利益选择和威胁感知,关键取决于既有承包村民是否接受以水域环境的长期治理价值替换其优先续包的法理权益。为此,县委和县纪委采取三步走的工作方法:(1)指出陈某和镇政府的程序不当行为,责令其纠偏;(2)修正村集体承包收益办法,兼顾既有承包村民的合法权益;(3)调查证明陈某没有谋私行为,还干部清白。通过法理、治理和情理多维度综合沟通,参与信访的既有承包村民主动舍弃了他们对容错纠错机制的利益"保障之手"的心理价值,不再坚持党政组织应对陈某等干部的问责主张。最终,三方共同努力,既解决了水环境长期没有得到有效治理的问题,又通过优化集体承包收益方式适当补偿了未续包村民的利益,涉事干部也未领受实质处罚。可以说,党政组织的地方"发展之手"、干部个人的"机会之手"和公众利益的"保障之手"兼得一身。

第五节
提高容错纠错机制的相容性

一、文本相容性

从文本层面,针对容错与纠错的相容性问题的处理,浙中1、浙北1、浙南1三地的表述可以总结为:有关单位或个人对在从事改革创新工作中出现的偏差或失误,一旦认为符合容错情形之一的,可主动向纪检监察部门或组织人事部门申请进行容错免责;经调查核实后,再依据事实和政策法规作出容错与否的认定意见。① 而具体到三个地区,则体现为对容错免责结果的运用基本相同,大致是运

---

① 吕红娟:《各地怎样构建容错纠错机制》,载《中国党政干部论坛》2016年第8期。

廉能激励相容
新时代清廉评价与建设探索

用在年度目标责任考核、党风廉政考核、干部选拔任用、评优评先等方面。浙中1出台的容错免责机制的实施办法规定,对确定应免于问责的单位或个人,在党风廉政建设责任制考核和干部提拔任用中免除"一票否决"。浙南1在实施办法中规定,凡经认定免于问责的党员干部在落实党风廉政考核中,免予扣分和"一票否决";不影响干部选拔任用、评优评先等党风廉政考核;对需追究党纪政纪责任的,可根据政策和党纪政纪从轻、减轻处罚或予以免责。浙北1制定的容错免责机制的实施办法中规定,经纪检监察机关或组织人事部门认定给予责任豁免的,可从以下方面予以免责,包括在党风廉政建设、干部提拔任用中,免除"一票否决";对免予党纪政纪处分或受组织处理的干部,不影响其提拔任用以及在评优评先中不作负面评价。

在全面从严治党和改革难度增大、要求提高的双重压力下,面对诸多不断出现的深层次矛盾,不仅需要越来越多的改革创新者,更需要培育其突破传统思想观念与意识形态束缚,敢于创新、勇于担当的精神。此时,"改革探索只许成功不许失败"的逻辑显得既不科学也不合理。如果不允许干部在工作中出现无意识失误,那么他们就不可能有进一步成长的空间,也会严重挫伤干部干事的改革积极性,进而严重影响政策贯彻效率。因此,我们要对干部在工作中由于缺乏经验或无意识导致的错误进行一定的甄别并给予一定的关怀,为勇于改革创新者营造一个鼓励担当与容忍试错的制度环境。

但通过比较三个地区制定的容错免责机制的政策文本,还可以发现,文本中虽有干部容错纠错机制中对因改革创新出现非主观失误的相关单位或个人人文性管理与关怀的体现,但容错纠错配套机制的缺损将会在很大程度上制约其发挥作用。具体而言:(1)虽都

第五章
容错纠错与干部"廉能耦合"

有关于如何进行纠错的内容,但规定的详略程度差别较大,有的甚至是一带而过。由于容错纠错机制是一个系统工程,容错机制要发挥作用,需要纠错机制同时发挥作用,只有将二者结合起来才能对改革创新过程中的探索性失误加以全面的认识并进行有效纠正。(2)基本没有完善的决策机制、配套的监督机制以及激励机制等的出台。容错纠错机制的重点在于调查、识别和认定,但也不能忽视公开、监督、激励等环节,只有将纠错、监督和激励机制相结合,才更有助于形成干部愿意创新、敢于创新、能够创新的制度环境。

　　容错纠错机制是一种改革的新生事物,从构建到完善再到落地实施并非一蹴而就。目前,诸多关于容错纠错机制的政策在各地出台,从案例中选取的浙江省实施容错纠错机制的政策文本中可见,这些政策分别在制定目的、认定机构及结果运用三方面存在相同之处,但在适用情形、适用范围及执行机构方面存在差异。不可否认,政策文本的规范性是保证容错纠错机制取得成效的基础。但结合案例中三地关于容错纠错机制构建的情况来看,政策文本本身就存在合理性缺损的问题,导致不少干部将推进容错纠错机制的政策文本视为"表态性"文件,使其鼓励干部改革创新、敢于担当的"导向性"意义大于实际作用。

　　基于上述对容错纠错机制改革的案例描述和分析,从实践结果来看,容错纠错机制取得了一定的效果。但作为一种改革的新生事物,从构建完善到最终落地实施的过程,不可避免地会面临对其合理性的质疑,而合理的政策文本构建仅仅是第一步,因为机制改革会失偏总是出现在具体实施过程中,所以只有在实施过程中体现合理性和规范性,才能真正地发挥容错纠错机制的制度效能。因此,结合第三节中构建的容错纠错机制合理性审视的三个维度可知,其在实施过程中的合理性主要侧重于对机制完整执行程序的分析。

二、实施过程相容性

根据当前的容错纠错机制在各地的实施现状,本书将容错纠错机制的实际执行程序分为提出申请、调查核实、评估确定和实施备案四步,这一规范性执行程序在前述选取的三个案例中均有体现。

1. 提出申请

主要涉及资格认定、材料文献要求及容错纠错情形规定等内容。案例一中浙中1征地拆迁问题属于容错免责机制的实施办法中规定的可纳入容错清单的其中一类情况;另外,工作方案的调整,是考虑到街道工作任务繁重,拆违量和开展工作的难度大等因素;同时,导致街道的排名进度落后,并产生了一定的负面影响也不是因为领导主观上工作推诿或失当造成的。案例二中浙北1的滩区迁建工作也被容错免责机制的实施办法纳入容错清单,属于涉及重大利益冲突处置,如不充分协商达成共识,可能引发社会不稳定。案例三养殖水塘承包同样属于被容错免责机制的实施办法纳入容错清单中的其中一类情况,即党员干部主观上务实创新,遵守廉洁从政的规定,未为自己和其他团体谋取私利且未损害公共利益和他人利益。因此,上述三个案例均符合容错纠错机制对申请者资格的认定和容错纠错情形的规定,可以提出申请。

2. 调查核实

主要涉及实施主体及其责任规定、过程公开以及配套机制实施等内容。三个地区在对容错纠错执行程序的规定上虽有细微的不同之处,但大致都是有关单位或个人对在改革创新工作中出现的偏差或失误,认为是符合容错免责情形的,可主动向纪检监察部门或组织人事部门申请容错免责,经调查核实后,作出最终的认定结果。具体而言:(1)关于实施主体及其所承担的责任,浙中1、浙南1均是由纪检监察机关负责执行,依单位或个人提出的容错申请事项展开调查核实,作出认定意见;而区纪委、监委和组织部是浙北1负责容错纠错机制实施的部门。(2)体现过程公开。三个案例在容错纠错机制执行程序启动之后,除去法律规定要求保密之外,容错纠错机制的执行实现了过程的公开,譬如公布了组织结构、运作流程、免责条款及认定程序等内容,使容错与纠错在公众的监督下进行。

3. 评估确定

主要涉及评估主体参与、评估标准及结果公开等内容。三个案例中,容错纠错的评估主体在受理申请后,会及时地展开调查核实工作,依据事实、法律法规并参照政策文本中规定的评估标准作出容错免责与否的认定结论;若因情况复杂,难以在短时间内作出定论的,可采取公开听证或第三方评估的方式;另外,对于不符合容错情形的,会给予解释答复,认定结论作出后需通知申请单位或个人。

4. 实施备案

即纪检监察部门应将调查报告与认定结果报从同级党委或政府实施备案。在案例三中,浙南1制定的容错免责机制的实施办法中对容错免责的执行程序包括报备程序。在案例一中,浙中1依据容错免责机制规定,最终作出对史某不问责的决定也经历过报备的程序,以便其能顺利推进之后的征地拆迁工作。浙中1制定的实施办法将容错纠错机制执行的实施备案程序明确为纪检监察组织需将认定结果报同级党委备案。在案例二中,纪检监察机关与有关单位依申请事项开展调查,作出对L镇党委书记不问责的决定也同样经过备案的程序,最终使滩区迁建工作进展超过规划预期。浙北 1 制定的实施办法中的"暂缓"程序就是"实施备案程序"的另一种表现方式。由于这是针对一时难以定论的情况,因而实行暂挂制的特殊规定。而案例三中未对 R 镇党委书记作出实质性处罚,属于容错结果清楚,因此,无须启动"暂缓"程序。

三、实施的效果与影响相容性

1. 价值导向相容性好

在执行容错纠错机制的过程中,三个案例均体现了积极作为、公共利益优先及适度容错、合理纠错的正确价值导向。这也是三地最终均未对主要负责人作出实质性处罚的主要原因。具体来说,首先,在面临诸多重大艰巨的任务时,案例中的负责人都积极作为,预设其积极行动者角色,并寻求有效落实任务的路径,去尝试破解难题的新思路、新办法。其次,决策者在确定决策方案时首先考虑公共利益,因为一切政策的出发点和落脚点就是维护公共利益。三个案例都遵循了优先保护公共利益的原则,在利益产生冲突的情况下,通过利益的衡量来权衡党政组织目标、干部个人预期和社会公众利益之间的关系,以协调不同的利益冲突。最后,三个案例中发生的事件都属于改革创新中的易发事件,处理得好,颇有推广意义。综上,在容错纠错机制的执行过程中,三个案例均符合目标价值导向的正确性,在这一维度上并无合理性缺损。

2. 内容相容有一定限度

容错纠错机制提出申请的程序主要涉及申请者资格认定、申请材料文献要求及容错纠错情形规定等内容,而在实际执行过程中,

第五章
容错纠错与干部"廉能耦合"

其在申请者资格认定上体现出内容限度的合理性。三地的政策文本都对可容之错进行了清单化界定。由于案例一浙中1征地拆迁问题被纳入市级容错纠错政策文本规定的容错清单;案例二滩区迁建工作属于容错清单的内容;案例三养殖水塘承包这类环境保护等维护公共利益的决策也属于容错清单之列,因此,案例一和案例二符合提出申请的前提条件,而案例三中虽然镇党委书记本人并未主动提出容错免责申请,但其发生事件的性质仍体现了容错纠错机制在提出申请程序上对内容限度合理性的要求。

但通过比较三个地区制定的容错免责机制实施办法的具体实施过程,还可以发现容错纠错机制在内容限度中仍存在缺损,即在实施过程中出现文本中未涉及的容错情形。由于社会生活的复杂性和行政决策的广泛性,要完全列举出哪些属于决策失误的情形存在很大难度,穷尽列举与统一容错情形和容错纠错机制的结果运用难度很大;另外,由于各层级政府的行政特点不同、各地方的工作重心存在差异、对干部的考核方式也不同,因此对问题进行判断时的主观色彩会相对严重,这个判断还有可能与行为实施者的判断不一致。案例三中,按照要求,对于水域资源的处理是需要招投标的,但是在事件发生时,国家对于农村集体资源处置的条款并不是非常明确。因此,镇党委书记和班子成员是否"明知故犯"存在一定的疑虑。同时,虽然事件最后水域的生态环境显著改善,可持续发展利益也得到保障,但是当下村民的经济收益还是受到了不小的影响。这个社会影响到底要达到"多大",或者说村民的经济损失要达到多少才会被认定为"重大损失"也有待商榷。最终虽未对镇党委书记作出实质性的处罚,但此类文本中未涉及的容错情形,是容错纠错实践过程中遇到的困境,在一定程度上制约着容错纠错机制的实施,导致其出现合理性缺损。

3. 执行程序的相容性

按照本章将容错纠错机制的实际执行程序分为提出申请、调查核实、评估确定和实施备案这四个步骤来看,执行程序的规范性在选取案例的实践中贯彻始终。案例一对于容错免责规定了申请、核实、认定、报备四个程序;案例二对于容错免责规定的前三个执行程序与案例一相同,只是最后一个程序是暂缓;案例三制定的容错纠错机制的执行程序是提出申请、调查核实、评估确定、实施备案四个程序。案例一中对时任街道办主任史某作出免责的结果认定是由纪检监察机关依据申请事项开展调查,组织人事部门也参与到对结果认定的过程,最终出具书面调查报告,作出认定意见,报送备案;案例二中对镇党委书记作出免责的结果认定是由容错免责的执行主体区纪委、区监委和区委组织部,依据申请事项,对符合履职容错要求的发生失误和错误的个人,经审核后,提出同意或不同意适用容错免责意见书;案例三中最终不对镇党委书记陈某进行实质性处罚,是经调查核实和单位党委(党组)会议集体研究讨论,并征求上级主管部门意见后作出的决定,最后报送市纪委、市监委和市委组织部进行备案。因此,三个案例在容错纠错执行程序中均体现了规范性。

但通过比较三个地区容错纠错机制的具体实施过程,还可以发现容错纠错机制在执行程序的规范性中仍存在缺损,即容错纠错执行程序与文本规定不符。其中一种情况是:各地推进容错纠错机制改革实践的文本文件中对认定适用容错的程序虽都有明确规定,包括提出申请、调查核实、评估确定和实施备案等,但在实际的操作中,面对处于危机紧急状态下决策时间有限而无法按照正常程序和规则作出的决策导致出现失误或过错的,应依据行政应急的原则,

第五章
容错纠错与干部"廉能耦合"

将其视为可容之错,并对相关责任人减轻、从轻或免于问责。案例一中由于街道办主任史某对上下半年工作方案进行调整,导致街道的排名进度落后,虽产生了一定的负面影响,但考虑到工作的进度落后"没有主观故意",其对推进方案作出调整,是为了突出重点,着力攻克难点,尽可能避免拆违可能产生的负面影响,损害到大部分群众的利益,从而更圆满地完成"三改一拆"的工作任务,县纪委在该事件发生的当下,就作出不问责的决定,确保该街道的"三改一拆"工作和各项工程能如期完成。这一案例是发生紧急事件或处于紧急状态下,干部行为适用容错依据的执行程序问题,与文本规定的程序并不相符。

另一种情况是:对处于构建探索时期的容错纠错机制,若启动或执行的程序越烦琐,出现错误的单位或个人提出容错免责申请的可能性就越小;若启动或执行的程序过于简单,缺乏科学性、合理性,又极易造成"错容"的严重后果。因此,在适用容错免责的程序上,除去由发生失误和错误的单位或个人主动申请启动容错程序外,还可以规定由容错主体(组织)在发现符合容错要求,应对单位或个人给予减免责任的情形时主动启动容错程序。案例三中,虽然镇党委书记本人并未主动提出容错免责申请,但区纪委根据干部容错免责机制的实施办法的精神与原则,认定镇政府流转该村养殖水面,符合"五水共治"政策要求,对推进"五水共治"工作有利,镇党委书记在此事上,没有为自己和其他团体谋取利益,因此最终未对镇党委书记作出实质性的处罚。这一案例就是当发生失误和错误的单位或个人未主动申请启动程序流程,由组织主动启动容错程序的情况。

4. 实施过程的人文性

在容错纠错机制执行过程中遵循人文性管理,具体体现为两方面的内容:一方面,关心关爱干部;另一方面,体现良好的用人导向。案例一中,时任街道办主任史某在被作出免责认定之后隔年还升任为街道党工委书记,就是容错纠错机制在执行过程中对干部人文关怀的体现,即对待改革创新中曾有失误和错误的干部,仍继续给他们创造干事创业的机会平台,帮助他们实现政治抱负与人生价值;案例三中,镇党委书记陈某虽并未主动提出免责申请,但机制执行主体以对待"探索性失误"的宽容态度和为改革创新者提供制度保障为基础,为减少出现的失误或错误对干部干事的政治生命带来的不良影响,主动启动对陈某的容错免责程序认定,对出现失误的干部干事予以宽容,这是关心关爱干部的体现。因此,三个案例在容错纠错机制执行的全过程中均体现出人文性,在这一维度上并无合理性缺损。

目前容错纠错机制的构建仍处于探索阶段,最终成形并真正发挥作用还需在实施过程中不断完善和总结。上述三个案例均体现了容错纠错机制在实践中是如何具体落实的,尽管有相关的政策支持或文本文件对应由谁承担失误造成的代价、如何在容错之后实现正确纠错等问题进行具体规定,但面对不同地区呈现出的多层次、多级别、多体系等混杂局面,容错纠错机制在实践过程中会面临文本未涉及的容错情形或出现与文本文件规定不符的执行程序,这也就是容错纠错机制在实施过程中体现出的合理性缺损问题。

综上所述,以习近平同志为核心的党中央明确提出建立容错纠错机制,旨在促进领导干部形成历史思维、创新思维、战略思维和辩

第五章
容错纠错与干部"廉能耦合"

证思维能力。① 虽然容错纠错机制的实施在扭转干部队伍中普遍存在的"怕而不为"的心态,改变"为官不为"滋生蔓延的现象,鼓励干部干事大胆创新、勇于担当等方面发挥了至关重要的作用,但在现实情景中,由于容错纠错机制属于行政体制改革的一种新生事物,不论是文本制定还是实践运用尚存在探索阶段。

---

① 储著斌:《习近平领导干部容错纠错思想研究》,载《决策与信息》2017年第1期。

第六章
心理障碍与干部"廉能耦合"

第一节
问题的提出

干部既勇于担当,又廉洁自律,需要综合性激励保障。在以往的研究中比较多地关注正面引导性激励,比如报酬机制、晋升机会和荣誉性激励等,但过多的正面牵引措施,容易给干部,特别是基层干部增加负担,产生心理压力。随着长期的心理压力积累,一部分基层干部会有心理障碍,这些心理障碍到底在多大程度上影响着基层干部积极担当和廉洁自律行为,值得研究。

"基层干部"在本书中是基层公职人员的总称,工作层级一般指县、乡两级。[①] 一般来说,研究基层干部心理障碍主要有以下三个方面的背景:

第一,基层干部心理障碍亟待解决具有充分的现实背景。2018年10月,《半月谈》评论称改革攻坚期和社会转型期,中国干部基层管理的现状是被动的、应急式的"上面千把锤,下面一根钉"的"疲态

[①] 2013年1月8日,时任人力资源社会保障部部长尹蔚民在全国行政机关公务员管理工作会议上表示,中国公务员队伍的90%是科以下干部,60%在县以下机关工作。资料来源:http://views.ce.cn/view/ent/201301/09/t20130109_797692.shtml,2020年6月10日访问。

治理";①2013年,《光明日报》调查则称,近八成基层干部有轻度工作倦怠现象。②

第二,讨论基层干部心理障碍干预具有丰富的理论背景。从委托代理人理论来看,基层干部的心理健康问题影响国家的形象和公权力的运行,不容忽视;从心理学和精神病理学来看,心理障碍成因复杂,"风起于青蘋之末,浪成于微澜之间",应予以多层面干预和预防;从需求理论来看,基层干部的心理问题将降低其职业生涯、尊重和自我实现的期望,直接影响其行政服务动力和行为的可持续性;从政治发展理论来看,"发展中国家出现政治动荡的原因在于社会变化速度太快,高频率的社会动员、政治参与导致人们的过高期望,形成了对政治体系的超负荷压力,由于没有健全的、制度化的体系加以疏导,这种期望就会变成强烈的社会挫折感,从而转化为不稳定的暴力"③,基层干部的心理问题将影响国家的宏观治理。

第三,党和政府一以贯之地重视基层干部心理健康的政策指导背景。2015年,习近平在贵州调研时强调,基层干部是加强基层基础工作的关键,要关心和爱护广大基层干部,为他们创造良好工作和成长条件,保障他们的合理待遇,帮助他们深入改进作风,提高各种能力,引导他们扎根基层。④ 厚爱与严管已成为党干部管理机制的一体两面。

---

① "上面千条线,下面一根针""上面千把锤,下面一根钉""上面千把刀,下面一颗头",都反映了基层治理面临任务繁多、人力有限、责任刚性的困境。参见叶俊东、史卫燕:《告别基层"疲态治理"活化组织力的益阳探索》,载《半月谈》2018年第20期。

② 郑建君:《基层公务员须身心共举 德行兼修——关于基层公务员心理状况的调查报告》,载《光明日报》2013年1月22日第15版。

③ 〔美〕塞缪尔·P.亨廷顿:《变化社会中的政治秩序》,王冠华等译,生活·读书·新知三联书店1989年版,第56页。

④ 《习近平在贵州调研时强调:看清形势适应趋势发挥优势 善于运用辩证思维谋划发展》,载《人民日报》2015年6月19日第1版。

第六章
心理障碍与干部"廉能耦合"

总之,在基层干部心理障碍问题有增多趋势的背景下,疏解基层干部心理障碍问题有利于实现中国社会转型期稳定过渡,保障基层治理水平的持续提升和国家的长治久安;也有利于有效防止基层干部消极避责,提高基层干部队伍的行政执行能力和处理繁杂具体事务的效率,做到干净和担当有机结合。

第二节
文献回顾与研究设计

"心理障碍"(psychological disorder)是指由于生理、心理或社会原因而导致的各种心理异常或行为异常的统称。心理障碍常见的表述是:强迫、人际关系敏感、抑郁、焦虑、偏激、失眠、头痛、多疑、自卑、冷漠、浮躁、贪婪。① 在基层干部的相关研究中,学者总结出的基层干部的心理障碍的表现主要有:(1)"戒备心理""倦怠心理"和"抑郁倾向"。② (2)躯体症状:焦躁抑郁,包括心烦意乱、注意力不集中、精神紧张,心情抑郁或忧虑、心慌,不安稳,不踏实,特别是转向市场经济所产生的落差心理、现实情况中适合的诉说落寞心理的渠道难以寻觅、人际关系敏感的紧张心理。③ (3)强迫症状、人际关

---

① 朱小根:《公务员心理健康教育的社会管理研究》,载《广西社会科学》2014年第6期。

② 刘颖、翟晓舟:《公务员心理健康与机关文化关系探析》,载《陕西行政学院学报》2014年第4期;王昕晔、张秀敏、李晶华等:《吉林省某省直机关公务员心理健康状况调查》,载《医学与社会》2013年第1期。

③ 刘爽、李德民:《新时期公务员心理健康问题及对策的探究》,载《赤峰学院学报(自然科学版)》2017年第6期。

系逆反、敌对心理、偏执、抑郁、焦虑、躯体化。①（4）人际关系敏感、抑郁、焦虑、敌对、恐怖、精神病性。② 针对基层干部心理障碍的成因及其干预机制,国内外学者展开了广泛的讨论。

一方面,尝试多角度洞察基层干部心理障碍的成因:(1)外在压力,如基层工作的特殊性带来的压力,③社会环境、赡养子女、工作负荷的压力,④与体制外比较的优越感降低带来的收入、晋升、履职压力,行政文化如"机关加班文化"、竞争机制、"潜规则"或根深蒂固的"官本位"文化带来的影响;⑤客观的行政级别对心理健康有影响,教育程度对职业倦怠水平有显著影响。⑥（2）源自个人素质差异的内在压力——既包括处理事务的能力,也包括面对生活的态度,如个人能力不足、自我认识有偏差、身体状况不容乐观、对心理健康重视不够。⑦（3）外在环境作用于内在性格产生的心因性压力。个人成长进步的不确定、工作新意的不足、工作内容和方式的简单重复、工作与付出的不匹配等,在一定程度上压制了新生代干部的积极性,造成其工作倦怠,面临新时代被要求提高能力的压力、成就自我的压力、职业发展的压力、舆论监督的压力等多重压力叠加,青年干部心理负荷重。⑧ 一些基层干部具有完美主义倾向,自我

---

① 陈永华、唐长瑛、毛孜毅:《构建中国特色公务员心理健康服务体系初探》,载《江西社会科学》2013年第8期。
② 任丹阳、张津凡:《公务员心理健康状况及其心理援助对策》,载《沈阳师范大学学报(社会科学版)》2011年第1期。
③ 姚芝:《乡镇公务员心理压力及应对策略探析》,载《学习论坛》2015年第12期。
④ 霍团英:《女性公务员心理状况调查与对策分析——以H市为例》,载《浙江学刊》2013年第4期。
⑤ 刘卓干:《公务员心理健康问题及其应对策略》,载《行政与法》2013年第7期。
⑥ 郝树伟、周丽丽、孙树勇、徐红红、谢中垚、洪炜:《公务员心理健康、职业倦怠现状及影响因素》,载《中国健康心理学杂志》2014年第6期。
⑦ 姚芝:《乡镇公务员心理压力及应对策略探析》,载《学习论坛》2015年第12期。
⑧ 李雪梅:《服务型政府视域下青年公务员心理资本开发》,载《决策探索》2014年第22期。

第六章
心理障碍与干部"廉能耦合"

期望值过高;想踏实做事的理想遭遇现实打击;面对人际关系压力,容易心理失衡;职业生涯规划不明确,对未来的发展方向十分迷茫。基层干部个人需要良好的社会支持。① 国外学者如迪米特拉·内拉(Dimitra Nella)在研究希腊经常变动的干部工作环境中发现不安全感是影响干部身心健康,出现焦虑、抑郁、身心倦怠等心理障碍的首位因素。②

不过,上述分析相对碎片化,目前学界对干部心理障碍成因研究并没有形成共识。学者们主要集中于研究直接的压力源,或者突出政府转型的压力与责任焦虑、绩效管理差异、权责不对等困境以及个人收入与社会地位不对等等具体原因,③而没有将社会转型大环境作为影响基层干部心理震荡的根本原因和整体环境来考虑。

另一方面,在探寻基层干部的心理障碍干预机制时,忽视了文化干预,较少探讨干部心理压力背后的更深层次原因和干预机制。埃尔金(A. J. Elkin)和罗施(P. J. Rosch)总结了一系列有用的策略工具包来减轻工作场所压力源。④ 库珀(Cary L. Cooper)和卡特莱特(Sue Cartwright)提出了针对工作场所压力分层级干预策略,即第一级干预策略是改变文化动机;第二级是进行个人压力管理训练;第三级是因压力导致严重疾病的心理治疗和康复。他们总结了美国和英国经验,认为各组织倾向于采用第二级和第三级对个体的干

---

① 王昕晔、张秀敏、李晶华等:《吉林省某省直机关公务员心理健康状况调查》,载《医学与社会》2013年第1期。

② Dimitra Nella *et al.*, Consequences of Job Insecurity on the Psychological and Physical Health of Greek Civil Servants, *BioMed Research International*, 2015, pp. 1-8.

③ 刘颖、翟晓舟:《公务员心理健康与机关文化关系探析》,载《陕西行政学院学报》2014年第4期。

④ A. J. Elkin and P. J. Rosch, Promoting Mental Health at the Workplace: The Prevention Side of Stress Management, *Occupational Medicine*, Vol. 5, Iss. 4, 1990, pp. 739-754.

预,原因是这两级更容易实施和更少破坏性,而组织化保证雇员健康花费巨大、成果不确定且过于高调。[1] 由此可见,国外学者以往的研究存在经验主义的局限,忽视了第一级的文化干预。国内学者研究机关文化较多,论述精神文化、行为文化、制度文化、环境文化,[2]而很少聚焦于具体的部门文化和怎样具体地消解人际负担。此外,有学者提出将"心理资本"作为中介解释变量,来解释"角色压力—心理资本—工作倦怠"关系[3],但从干预手段来看,心理资本仅作为现状和结果,不具有可操作性,在基层干部中提倡社会资本、心理资本和小团体、非正式组织也不再符合时代要求。

因此,对基层干部心理障碍的研究需要一个整合性的、符合新时代要求的分析框架。

一方面,进行理论维度的改进。根据日本学者摞俊明的观点,精神病病因分为内因性、外因性和心因性,内因性以遗传为主因,外因性以环境为主因,即遗传和环境为相互关系,心因性包括外因性。[4] 如果内因性是发病的基础,是特异性的,它并非一定能起作用,要有外因和心因参与方能起决定性作用;如果由外因性或心因性发病,且外因性或心因性是特异性的,起着主导作用,此时遗传因素呈现非特异性,起着次要作用。[5] 另一位日本学者田村幸雄将精

---

[1] Cary L. Cooper and Sue Cartwright, An Intervention Strategy for Workplaces Stress, *Journal of Psychosomatic Research*, Vol.43, Iss.1, 1997, pp.8-9.

[2] 耿识博、吴著友:《加强和创新机关文化建设》,载《中国行政管理》2011年第12期。

[3] 郑建君:《基层公务员心理状况实证研究》,中国社会科学出版社2013年版,第200页;郑建君:《心理资本在基层公务员角色压力与心理健康关系中的作用》,载《江苏师范大学学报(哲学社会科学版)》2016年第1期。

[4] 〔日〕新福尚武:《精神障碍的遗传的侧面》,载〔日〕新福尚武编:《讲谈社精神医学大事典》,讲谈社1984年版。

[5] 张湖:《精神病病因中的内因、外因及其相互作用》,载《国外医学参考资料·精神病学分册》1977年第3期。

第六章
心理障碍与干部"廉能耦合"

神疾病病因学分为两类:一是生物学因素,是指素质因素或内因;二是心理—社会因素,是指心因和外因。心因性精神障碍是心理社会因素,起决定作用。① 本书综合吸收掰俊明的内因性、外因性和心因性分析法,以及洛佩斯(Claudia S. Lopes)等关于"情境影响"②和迪米特拉·内拉的不安全感具有"溢出效应"和"浮动框架"观点,从心理和行为异常分析角度,将转型期基层干部心理障碍的主要成因假设为外在环境压力、个体内在原因、心因性的转型期心理震荡三个维度,构建一个"物质满足度—制度公平度—文化亲和度"的基层干部心理障碍及其干预的分析框架。

另一方面,拓展观察点、充实变量内涵。比如对外在环境压力的观察中借鉴了尹月婷的"压力来源九因素模型"③,吸收了杨光军总结的国家干部心理问题的四个特殊原因,设计了"工作环境压力""生活压力"等影响因素题项;④吸收了图米(Kaija Tuomi)等的相关观点,⑤且根据亨廷顿(Samuel Huntington)对社会转型的影响的理论预设,加入"职业心理震荡"的题项;从社会角色和自我期望理论出发,加入了传统的"角色认知""领导权威风格"相关题项;并借鉴王烨菁等关于干部的生活方式和心理资源与自评紧张度密切相关

---

① 于清汉:《素质的含义与精神疾病的病因学》,载《临床精神医学杂志》1995年第3期。
② Claudia S. Lopes et al., Direct and Indirect Exposure to Violence and Psychological Distress Among Civil Servants in Rio de Janeiro, Brazil: A Prospective Cohort Study, *BMC Psychiatry*, Vol. 15, Iss. 1, 2015, pp. 1-9.
③ 尹月婷将干部工作生活压力来源归纳为九因素模型:住房问题、社会支持、工作负荷、晋升发展、子女问题、家庭收入、人际纠纷、社会环境和个人生活,最终影响和预测了身心症状、焦虑和抑郁三个维度的心理障碍。参见尹月婷:《公务员的压力及其与心理健康的关系研究》,大连理工大学2005年硕士学位论文。
④ 杨光军:《公务员心理健康:一个被忽略的话题》,载《领导科学》2002年第5期。
⑤ Kaija Tuomi et al., Stress Management, Aging, and Disease, *Experimental Aging Research*, Vol. 25, Iss. 4, 1999, pp. 353-358.

的观点,①加入了"个体素质"和"个体经验"方面的观察题项。

第三节
基层干部心理障碍症状和成因实证分析
——以浙北2为例

一、总体研究分析

本研究采用案例法、访谈法和实地调查法以浙北2(县级市)53个市直单位、19个乡镇及办事处和20个参公机构(即参照干部制度和待遇的单位)共计2719名②基层干部为调查对象进行为期两个月的心理障碍现状和成因调查分析。③问卷编制经过了基层干部的焦点小组访谈和小范围试调研验证。调查问卷采用李克特量表形式打分。④

---

① 王烨菁、张其正、毛游森、马来记、金锡鹏:《机关人群生活方式和心理资源与自评压力紧张度的关系》,载《劳动医学》2001年第5期。
② 《公务员法》第2条第1款规定:"本法所称公务员,是指依法履行公职、纳入国家行政编制、由国家财政负担工资福利的工作人员。"2017年2月,浙北2市机构编制委员会办公室(市编办)统计的第一类市直单位和乡镇及办事处属于公务员编制单位,共2528人;第二类参公机构有191人。2017年浙北2市定编(行政编制)共计2641个,超出编制的办事人员共计78人。本节的基层干部范围以市编办的统计为准。
③ 数据来源:2018年4月22日浙北2市编办的统计。
④ 为防止习惯性打分,症状程度的李克特量表按0—5(相反——严重)打分,成因表现按5—0(非常同意——非常不同意)打分:一方面可以防止习惯式勾画同一个数字,另一方面保持了量值意义的一致性,即前者分数越大,症状越严重;后者分数越大,成因越明显。为了得到更加真实的反馈,将成因条款放在症状条款之前测量,位于第一部分基本信息和第三部分改编的 SCL-90 症状量表之间——隐藏具体的调研目的。

第六章
心理障碍与干部"廉能耦合"

1. 样本容量、样本代表性和样本特征描述

本研究测量条目为 16 项,题项共计 66 个,样本容量为 348 人,与浙江省浙北 2 的基层干部总数量的比例为 1∶6.3,代表性强。本研究以浙江省浙北 2 为例。浙江省是中国的东部改革开放"窗口"省份,GDP 总量位居全国前列;浙北 2 的 GDP 和人口规模均处于浙江省基层县级市的中上等水平,因此,浙北 2 基层干部的工作强度能反映中国新时代基层干部工作压力的大致状况。关于样本容量,本研究的人口统计分类信息有性别、年龄、婚姻、学历、行政级别、职务类别、所在区域、所属部门、所属科室共九项,人口统计学特征较均衡。本次问卷调查历经两个月,采用实地一对一在办公室或工作场所进行问卷调查和填写,可信度和有效性双高,共计发放 450 份,回收 371 份,回收率 82.4%,其中有效问卷 348 份,有效率 93.8%。

2. 转型期基层干部心理障碍的类型调查和分析

从"焦点小组"(focus group)访谈中根据工作负荷、工作动机和行政环境三个维度提炼出来 8 种心理状态,除去"积极健康型""空闲型""忙碌型",其他 5 种接近心理障碍的表现类型均在本次实际调查中得到了验证——忙碌倦怠型(在总人数中占比 45.69%)、不满应付型(20.69%)、纠结烦躁型(16.09%)、空闲郁闷型(11.21%)、团体义气型(4.6%),还有 1.72% 的人难以界定类型;接受调查的人员中仅有 43.39% 的人认为周围同龄同事的工作状态仍属于积极健康型。这仅为对基层干部的感知调查,客观上是否存在"基层干部心理障碍"需要由改良版的 SCL-90 量表结果判断。具体基层干部的心理障碍症状和原因需要进一步分析。

二、因变量和自变量因子降维和回归分析

因变量 25 项题项的可靠性统计量 Cronbach's Alpha 系数为 0.916，表明题项整体一致性高。就因变量效度检验来说，因变量球形检验 KMO＝0.908，Sig＝0.000，适合作因子降维。因子降维后，因变量的 10 个条目降到 5 个条目（累计的解释总方差为 65.264％），分别是命名为"P1 人际感知负担"（权重为 35.263％）、"P2 身心倦怠症状"（权重为 14.206％）、"P3 精神压抑行为"（权重为 6.366％）、"P4 强迫症状"（权重为 4.802％）、"P5 其他症状"（权重为 4.627％）。其中，"强迫症状""精神压抑行为""其他症状"三个单项较为明显，符合前述文献评述和问卷均值判断；"人际感知负担"和"身心倦怠症状"属于综合病症，包含了原 10 项条目中的敌意、恐惧、偏执、人际关系敏感；"身心倦怠症状"包含"躯体化症状"和"抑郁症状"；"焦虑症状"分化于其他症状之中。综上所述，因变量题项的可信度和效度均非常高，并通过探索性因子分析得出了因变量"Y 心理障碍"的 5 个指标及权重。

同上述，对自变量进行探索性因子分析，根据探测性因子分析结果，将七个主要公共因子（累计贡献率为 61.611％）命名为"F1 环境压力""F2 发展压力""F3 个体素质""F4 工作压力""F5 个体经验""F6 权威类型""F7 心理适应程度"。基本符合"工作环境压力""生活压力""角色认知偏差""领导权威风格""个体素质""个体经验""职业心理震荡"的预设，但作为探索性因子分析，同时反映出一些新维度和侧重点：一方面将"角色认知偏差"分化于其他维度，另一方面突出了"发展压力"和"权威类型"两个维度。

为了进行回归分析和各部门得分排序分析，本研究采用主成分

第六章
心理障碍与干部"廉能耦合"

得分值一步计算法,①将 5 个心理障碍症状主成分的方差贡献率归一化处理的数据作为权重系数,建构浙江省浙北 2 各部门基层干部心理障碍综合因子得分函数,通过计算 $Y_i = FAC_{i_1} * SQL(\lambda_i)$ 得到心理障碍症状主成分得分值 $Y1、Y2、Y3、Y4、Y5$,计算综合因子得分,即因变量"心理障碍"$Y = 35.263\% * Y1 + 14.206\% * Y2 + 6.366\% * Y3 + 4.802\% * Y4 + 4.627\% * Y5$。同理,采用主成分得分值一步计算法,得到心理障碍症状主成分得分值 $X1$(环境压力)、$X2$(发展压力)、$X3$(个体素质)、$X4$(工作压力)、$X5$(个体经验)、$X6$(权威类型)、$X7$(心理适应程度),以便精确测量因变量 Y 和 7 个自变量的值之间的回归关系。因变量与全部解释变量的关系如表 6.1 所示。

表 6.1 基层干部心理障碍影响因素模型心理障碍[a]

模型	M1 核心变量模型 逐步法	M2 Full Model 进入法	M3 显著变量模型 后退法
X1 环境压力	0.151****	0.159****	0.160****
X2 发展压力	0.271****	0.233****	0.249****
X3 个体素质	0.232****	0.232****	0.232****
X4 工作压力	0.168****	0.200****	0.192****
X5 个体经验		−0.027	
X6 权威类型		0.151****	0.138***
X7 心理适应程度		−0.046	
V1 性别		−0.049	
V2 婚姻		0.106	
V3 年龄		−0.07	−0.078*
V4 行政级别		−0.086[b]	
V5 所在区域		−1.502[b]	

---

① 林海明:《如何用 SPSS 软件一步算出主成分得分值》,载《统计与信息论坛》2007 年第 5 期。

廉能激励相容
新时代清廉评价与建设探索

(续表)

模型	M1 核心变量模型 逐步法	M2 Full Model 进入法	M3 显著变量模型 后退法
V6 学历		−0.106	
V7 职务类别		−0.238[b]	−0.106*
V8 所属部门		0.051[b]	
V67 不同级别不同部门=V4*V8		−0.010[b]	
V68 不同区域不同类别=V5*V7		0.639**[b]	
V69 不同区域不同部门=V5*V8		−0.01[b]	
V70 不同级别不同类别=V4*V7		0.002[b]	
V71 不同区域不同级别=V5*V4		0.277[b]	
V72 不同类别不同部门=V7*V8		0.000[b]	
V73 不同区域的不同级别和类别=V5*V4*V7		−0.107**[b]	
V74 不同区域的不同级别和部门=V5*V4*V8		−0.002[b]	−0.004****
V75 不同级别的不同类别和部门=V4*V7*V8		0[c]	
V76 不同区域的不同类别和部门=V5*V7*V8		−0.018*[b]	
V77 不同区域的不同级别、类别和部门=V5*V4*V7*V8		0.005[b]	0.001***
常量	0	1.452	0.655**
N	348	348	348
R^2	0.448	0.496	0.476
调整后 R^2	0.442	0.457	0.462
F	69.644	12.664	34.147
p	0	0	0

注：标准差。
* 表示 $p<0.1$，** 表示 $p<0.05$，*** 表示 $p<0.01$，**** 表示 $p<0.001$。
a 表示因变量"心理障碍"。
b 表示 VIF>10。
c 表示因共线性统计量容差过低被排除。

基层干部心理障碍影响因素模型说明影响心理障碍的显著性解释变量有如下9个：X1环境压力、X2发展压力、X3个体素质、X4工作压力、X6权威类型、V3年龄、V7职务类别、V74不同区域的不同级别和部门，以及V77不同区域的不同级别、类别和部门。尽管增加5个解释变量才增加2%的解释度，但相较于4个核心变量，X6权威类型、V3年龄、V7职务类别、V74不同区域的不同级别和部门，以及V77不同区域的不同级别、类别和部门的影响仍然显著，且具有一定的解释意义。总之，基层干部心理障碍的成因中仅4个核心变量的解释度就达到了44.2%的大效应量，多元线性回归模型$Y=\beta_0+\beta_1 X+\varepsilon$可以表述为$Y=0.151*X1+0.271*X2+0.232*X3+0.168*X4+\varepsilon$。

第四节
结论与发现

一、研究结论

1. 五成以上基层干部具有轻到中度及以上心理障碍

心理障碍SCL-90量表的均值对照量表标准显示：基层干部心理障碍总均值为1.61，总体上存在轻度到中度的心理障碍症状。探索性因子分析表明，中国基层干部的心理障碍症状为"人际感知负担""身心倦怠症状""精神压抑行为""强迫症状""其他症状"，这个结论与均值检验的结论一致。其中"身心倦怠症状"和"强迫症状"高于常模，"精神压抑行为"均值低于常模，说明过于压抑攻击倾向也会导致心理障碍；另外，"人际感知负担"这个症状最为突出，也是最复杂的一个症状。45.7%的基层干部的心理障碍程度高于平均值,基层干部总体上超过五成具有轻度以上心理障碍——心理障碍均值在1.5分以上的占比为54.9%,小于0.5表示完全无心理障碍症状的仅占1.15%。

2. 基层干部心理障碍的成因

成因解释层面,通过探索性因子分析和AMOS验证性分析可知,基层干部心理障碍的成因主要来自四个方面:"环境压力""发展压力""个体素质""工作压力"。从内因和外因角度看,外在因素居多,尤其是社会环境和行政文化带来的影响,其次是职业晋升等发展压力,工作压力虽然显著,但不是最主要的压力来源。同时,不能忽视外因通过内因起作用而产生的心因,即行政改革带来的心理震荡、冲击和失落感。除了四个核心变量,其他显著的基层干部心理障碍成因包括"权威类型""年龄""职务类别""不同区域的不同级别和部门""不同区域的不同级别、类别和部门"。这些显著变量具体是如何影响基层干部心理障碍的形成呢?根据问卷分析和访谈总结,所得结论如表6.2所示。

表6.2 浙北2基层干部心理障碍影响因素与来源

成因	影响机制 (来源:EFA因子分析、HLM线性回归)	实践后果 (来源:问卷统计、访谈记录)
环境压力	部门文化:同事亚文化、官民关系、竞争环境、同事沟通、领导风格、人际纠纷、工作危险性、人情往来、心理落差、授权	办公室环境、干部职业环境和社会大环境压力的三重叠加; 全能的办事员; 人情世故加大工作难度①

① 笔者对基层干部A(男,25岁,市养老局科员)的访谈。

第六章
心理障碍与干部"廉能耦合"

(续表)

成因	影响机制 (来源:EFA 因子分析、HLM 线性回归)	实践后果 (来源:问卷统计、访谈记录)
发展压力	心理预期:重组变动、晋升前景、培训学习	职位晋升困难,逢晋必考; 现实与期待不符带来的心理落差; 干部工作并不能促进自我成长; 竞争力弱的女性①
个体素质	抗压能力:身体素质、心理素质、自我认知、生活方式	"个体心理素质较差"比"不是一个合格的干部""个体身体素质不好"更加难以承认; 跟学校差不多的基层政府生态②
工作压力	生活压力带来的工作压力;家庭问题、住房问题、社会支持; 工作本身的压力:超负荷工作、突击检查等	乡镇工作人员的压力主要是工作内容太具体,工作量大,县市级工作人员的压力主要来自升迁、住房; "啃老"的基层干部③
权威类型	权威来源:上级领导的权威风格 权威运作:是否符合法规政策	不好说话的领导; "兵"不干好也没办法的领导;④ 基层干部眼中的领导权威仍以传统继承型、法理型"两座大山"为主,混合型逐渐崛起,个人魅力型的领导仅有 1.1%
年龄	通过"年龄 * 发展压力"(负相关)、"年龄 * 个体经验"的交互作用来影响,adR2=0.460⑤	36—45 岁时会形成一个心理障碍高峰; 有圈子和一定地位的干部是"老油子",较青年干部没那么大的压力⑥

---

① 笔者对基层干部 B(女,25 岁,市警察局科员)的访谈。
② 笔者对基层干部 C(男,26 岁,市工商局科员)的访谈。
③ 笔者对基层干部 D(女,28 岁,某乡镇科员)的访谈。
④ 笔者对基层干部 E(男,40 岁,市税务局办公室主任)的访谈。
⑤ 交互项的测量:将 7 个自变量与"年龄"的交互项,除去"年龄"的其他 7 个控制变量,与因变量"心理障碍"进行线性回归(后退法)。
⑥ 笔者对基层干部 F(女,24 岁,市扶贫办办事员)的访谈。

(续表)

成因	影响机制 (来源:EFA因子分析、HLM线性回归)	实践后果 (来源:问卷统计、访谈记录)
职务类别	通过"环境压力＊职务类别""个体素质＊职务类别"(负相关)"权威类型＊职务类别"的交互作用来影响,adR2＝0.461	心理障碍排序:专业技术类＞行政执法类＞综合管理类＞其他类别职位＞法官和检察官类; 警察是比较特别的一个队伍,"五一"等节假日和周末容易加班,量不大但心理不愉快①
所在区域	通过"所在区域＊发展压力""所在区域＊工作压力""所在区域＊心理适应程度"的交互作用来影响,并使核心变量"工作压力"不显著,adR2＝0.464	"5＋2、白加黑"的乡镇干部工作模式;② 乡镇级别的干部总体心理障碍比县一级干部的心理障碍要高; 不同层次的县乡行政区域具有不同的行政生态; 相同层次的不同镇政府的"人际感知负担"明显不同
行政级别	通过"行政级别＊环境压力"(负相关)、"行政级别＊工作压力""行政级别＊个体经验""行政级别＊权威类型""行政级别＊心理适应程度"来影响,并使核心变量"工作压力"不显著,adR2＝0.482	得罪不起; 上级的事情下派,面对群众想办法完成任务,不得不还的人情债; "抢功劳"的上级,"背黑锅"的下级③
所属部门	通过"所属部门＊环境压力"(负相关)、"所属部门＊个体素质"(负相关)、"所属部门＊工作压力"(负相关)、"所属部门＊心理适应程度"来影响,adR2＝0.466	能适应长期出差等的部门要求; 无法发挥作用的轮岗机制④

---

① 笔者对基层干部 B(女,25 岁,市警察局科员)的访谈。
② 笔者对基层干部 G(女,25 岁,某乡镇新入职科员)的访谈。
③ 笔者对基层干部 F(女,24 岁,市扶贫办办事员)的访谈。
④ 笔者对基层干部 E(男,40 岁,市税务局办公室主任)的访谈。

第六章
心理障碍与干部"廉能耦合"

二、两点发现

对比此前的学者们作的实证调查,本次调研不仅有效验证了一些已有结论,同时细化和明确了已有结论,发现了以下新问题和新因素:

1. 干部"精神压抑行为"成为干部心理障碍的新表征

在关于义乌的研究中,施水泉认为干部经常出现的心理问题有心理失衡、人际困难、成功焦虑和工作倦怠等。其中有54.88%的人出现了工作倦怠,干部是工作倦怠比例最高的职业。[①] 2013年,郑建君对全国5个省份547名处级及其以下在职在岗公务人员调查后发现,近八成基层干部工作倦怠。本研究从主观感知和客观的SCL-90量表分析更加全面地了解了基层干部的心理障碍表现。从根据SCL-90量表设计的原始均值来看,基层干部"身心倦怠症状"和"强迫症状"均值高于常模,"精神压抑行为"均值低于常模,说明过于压抑攻击倾向也会导致心理障碍——这是以往研究被忽视的问题,"精神压抑行为"过度也是一种心理障碍。

2. 发现新的影响基层干部心理障碍的成因

第一,本次研究发现,影响基层干部心理障碍的主要是"环境压力""发展压力""个体素质""工作压力"四个方面,杨光军提出的影响干部心理健康的特殊原因,在转型期大环境下变成了普遍原因。"环境压力"是基层干部心理障碍成因的第一要素,对应的是"人际感知负担"作为基层干部心理障碍的第一症状(线性回归方程为:

---

① 施水泉:《公务员心理压力调查》,载《决策》2011年第7期。

廉能激励相容
新时代清廉评价与建设探索

$Y1=0.394X1+\varepsilon$,Sig$=0.000$）。从实地访谈来看，基层干部普遍认为"环境压力"导致"人际感知负担"的影响机制是部门行政文化（机关文化、组织文化）的熏陶。①

第二，人格因素（特别是"个体素质"）比"工作压力"本身更能影响心理障碍的形成。个人的身体素质、心理调适能力、个人作息是否规律等都影响着健康工作状态的持续保持。库珀等认为，女性税务官满意度更高，但心理疾病更多。② 但本次研究发现，男性基层干部压力更大，心理障碍更为严重。至于具体的个人身心素质背后的承受能力对心理障碍的影响机制，女性是否心理承受能力更强还需要更多的数据支撑。

第三，"权威类型"也是影响基层干部心理障碍的重要原因，但随着"职务类别"和"行政级别"的交互作用才能更加明显，其本身也在发生着从法理型和传统权威型两极分化到混合型的转变。韦伯（Max Weber）依据大量史料，把权威归纳为传统型权威、超凡魅力型权威和理性型权威（法理型权威）三种类型。根据访谈情况，本次调查问卷增加了两个选项"混合型"和"以上都不是"，并根据普遍认知中的权威程度赋值。进行线性回归分析可知，基层干部所在部门的领导权威越大，基层干部的心理障碍越严重，呈现正相关趋势（系数为 0.073, $F=5.195$, Sig$=0.023$）。

第四，"年龄"变量不容忽视，它通过与发展压力、个体经验的交

---

① 基层干部 F："下班后还不能去 KTV 等娱乐场所，很容易碰到熟人，很尊敬地打招呼，得时刻维护下形象，不知道是自己的虚荣还是不自觉的机关文化熏陶。"基层干部 C："大部分可能还会遇到酒桌文化。"基层干部 A："我的领导刚好是我爸爸的朋友，所以他会尽量让我不受到基层单位行政文化的影响，比如我不想喝酒就不用应酬。"基层干部 E："希望推进先进组织文化，有一个和谐团结的氛围，领导好说话一点。"

② Cary L. Cooper and Sue Cartwright, An Intervention Strategy for Workplaces Stress, *Journal of Psychosomatic Research*, Vol. 43, Iss. 1, 1997, pp. 8-9.

第六章
心理障碍与干部"廉能耦合"

互作用来影响心理障碍的形成。这种影响是巨大的,它涉及中国官场的"论资排辈"面临改革浪潮的挑战,涉及年轻的基层干部面临巨大的发展压力,还涉及政治生涯即将结束的基层干部的无压力心态如何摆正,基层干部如何利用自身的个体经验以及什么样的晋升次数、收入范围、工龄补贴是合理的等现实亟待解决的问题。

基层干部心理障碍问题不容忽视,在社会转型的大环境下,要着力关注工作在基层一线的干部,致力缓解他们的环境压力、发展压力、工作压力,提高其个体素质和能力,最终形成一个健康的、可持续发展的、良性循环的行政生态环境。

第七章

激励相容：促进干部"廉能耦合"的基本进路

第一节
激励相容:完善干部廉能评价机制的理论向度

激励相容理论最初是哈维茨在机制设计理论中创立的。一个具备激励相容功能的干部廉能评价机制的核心应有两层意思:一是要将干部服务对象(国家和人民)的利益与干部基于服务付出的自身正当利益诉求统一起来;二是将对干部履职的德、能、勤、绩、廉等诸多因素统一起来。而达到这样的目的需要各种激励要素有机融合的支撑。质言之,激励相容的干部廉能评价机制包含激励目标相容、激励手段相容、激励过程相容三个层面:激励目标相容是完善干部廉能评价机制的前提,激励手段相容是干部廉能评价机制能否发挥激励相容功能的支撑,而激励过程相容是干部廉能评价机制能否发挥激励相容功能的保障。综合各种激励机制的特征和优势,可以助推干部考评机制实现廉能激励相容的理论方向是:

1. 从整合激励的维度,提高干部考评机制激励体系的统筹性

整体性治理理论的核心要义就是重新整合和逆碎片化,这与"推拉理论"(push and pull theory)所强调的正面激励与负面激励具有互补功能的机理相同。除了正面满足人们的物质和精神追求以外,以监督和惩处为主要形式的负面激励也是必要和有益的。从这

一思想维度看,对不论着眼于激励目标还是约束目标的分散在纵横向各部门的干部考评体系和以职能、行业为中心的考评标准进行必要的整合是一条可试的路径。即重点推进干部考评体系和机制的综合改革:一是以综合考评整合分散的部门考评、纵向的层级考评,强化考评效度、减少考评频次,将干部的精力从应付考评转移到应对工作上来;二是提高自我激励与组织激励、群体激励与个体激励、及时激励与延时激励、物质激励与精神激励和复合激励之间的衔接度,减少激励缺位。沿着这一理论维度完善干部考评机制,可以解决两个困扰干部考评实践中的突出问题:相互冲突的考核评价和相互重复的考核评价,进而确保干部考核评价价值目标与手段的统一,减少干部考评环节,放大干部考评的效能。

2. 从全息激励的维度,提高干部考评机制激励功能的互补性

借用物理概念构建全息激励体系,一是实现干部考评激励功能的完整性,二是使干部考评激励功能常在化。通过将干部履职要求的德、能、勤、绩、廉等各种元素包含在一个系统的考评机制中,有利于合理分配各种元素在考评中的权重比例,实现对干部多维要求与综合考评的高度统一,而不陷入"以子之矛攻子之盾"的相互排斥的考评困境。同时,全息考评的常在化并非一定是时时处处都有现实的考评行为发生,而是因为考评功能无死角地对干部行为产生延时的牵引与约束作用,使得干部考评作用犹如全息影像的虚拟存储一般,可以随时显现。在这方面,内容型激励理论为全息激励的坐实提供了很好的路径启示,其目标就在于发现人的需求,探求人的心理需求结构及规律,试图通过不断满足人的需求而实施有效的激励与约束。不论是马斯洛(Abraham Maslow)的"需要层次论",还是赫茨伯格(F. Herzberg)的"双因素理论"、奥尔德弗(C. P. Alderfer)

第七章
激励相容：促进干部"廉能耦合"的基本进路

的"生存—关系—成长 ERG 理论"以及麦克利兰（David C. McClelland）的"成就—权力—合群需要理论"，都是在试图揭示激励与约束的递进层次和无缝衔接的重要性。

3. 从激励链的维度，提高干部考评机制激励效应的持续性

所谓激励链就是一种激励接力，包括各种干部考评机制所设定的激励目标前后一致、激励手段不相互掣肘、激励过程连贯。构建激励链的核心价值在于确保各种考评机制的激励意图、手段和过程不轻易前后覆盖和相互否定，不对干部行为产生忽左忽右的牵引，不让干部难以适从。按照激励链的思维，在建设和完善干部考评机制过程中必须做到三个检视：一是检视以前的考评机制的激励目标是否需要继续维护。如果还需继续维护，那么新考评激励机制就不能简单替代前一个考评机制。二是检视以前的考评机制的激励手段是否不合时宜。如果仍然合时宜，那么新考评机制采取的激励方式和手段就只能在前一个考评机制的激励方式和手段基础上作微调。三是检视不同考评机制对干部履职要求诸要素的激励或约束是否存在短板。如果是，那么新考评激励机制就应设法消除这些短板。循着这一向度，通过深入挖掘中国各地区、各类型的干部考评机制内含的"激励错配"和"激励碎片化"问题，便可以全面、系统、量化、具体地回答如何实现"绩效与审计""任职与薪酬""创新与容错"这些影响干部履职生涯全周期的激励相容性问题。开发设计可应用的干部"廉能耦合"的"五位一体"绩效审计指标体系、"廉能耦合"的干部聘任制与薪酬现代化机制和促进干部"廉能耦合"的容错纠错法制体系，使干部考核评价机制形成"干什么—怎么干好—干好了会怎么样"各环节首尾相连的激励相容链。

第二节
激励相容的干部廉能考评路径选择

综合干部考评机制的现实短板和实现激励效能最大化的理论逻辑,便可以精准地开辟完善干部考评激励机制的基本路径,那就是从激励错配走向激励相容。这一路径是考评体系整合、激励与约束并重以及构建激励机制链的有机统一。

激励相容是防止多目标相互掣肘、实现多目标融合的基本管理制度安排。要以促进干部"廉能耦合"成长为导向,进一步完善干部考核评价机制,构建廉能激励相容的干部考评体系,形成有利于干部既干净又干事的制度生态和激励效果。

一、积极整合干部考评体系

1. 化零为整,建构统一的干部考评组织管理体系

建议省市县乡各级党委政府组建专门的干部考评领导机构,统一行使分散在党建、组织、宣传、纪检和各业务职能部门对单位、班子和干部的考评权能,统一规范各级各类干部考评管理部门的行为,统一组织和管理考核评价工作。加快探索国家干部考评机构与党委组织部合署办公的机制,既落实党管干部的原则,又实现对非党员公职人员廉能考核评价的全覆盖,最大限度排除干部考评工作中的本位主义,避免各部门片面强调本部门本行业重要性的干部考评标准而弱化其他相关部门对干部履职的正当要求。

第七章
激励相容：促进干部"廉能耦合"的基本进路

2. 将各种干部考评激励与约束功能整合在一个干部考评法规、指标体系和实施行为中

清理不合时宜的单位（地区）、班子和干部个人的考核评价规定，制定省级干部考评法规体系，合理吸收和整合各职能部门分散的检查考核内容和指标体系。对单位（地区）、班子和干部个人的考核评价工作也要贯彻"最多跑一次"改革的精神，建立临时检查、考核和评价的报备制度，规定除了干部考评专门机构组织或授权的考评外，原则上不再接受其他部门的考评，以免考评过滥干扰干部的正常工作，增加干部应付考评的负担。

3. 构建干部考评数据平台

建议组织部、纪委（监察委员会）牵头建立干部信息基础数据库平台，一方面，用于统一收集干部的基本信息、绩效信息、廉洁自律信息和考评信息，有利于实现干部行为、考评和使用各环节的信息对称；另一方面，可以利用该平台开展对单位（地区）、班子和干部的考评，吸引各界代表、社会组织和随机抽取民众参与对单位（地区）、班子和干部的评价，更广泛地收集考评意见和数据，促进干部考评工作的便利化、节俭化和信息化。

二、完善激励与约束并重的考评机制

1. 树立对干部进行"廉能"协同激励的目标理念

一方面，强化所有干部考评机制和方式方法都要贯彻廉为基础、廉为底线的价值理念，先行审核干部行为的合规性、廉洁性；另一方面，又要贯彻"突出干部实绩"的干部使用理念，在符合廉政要

求的基础上，给积极担当、建功立业的干部更多的发展机会。

2. 落实对干部进行"廉能"协同激励的机制手段

一是在目标上实现防范"硬发展"与打击"慵懒散"两类机制的协同，既管控不顾发展条件成熟与否以及过程合规与否的"蛮干"，又防止单纯避险、避责的"庸政"；二是在过程上实现容忍改革试错与查处违规违纪两类机制的协同，既保障干部勇于改革创新的动能，又划出干部盲动的"雷区"；三是在收入上实现干部薪酬现代化与干部财产申报登记两类机制的协同，既肯定干部基于工作绩效的收入差异化增长，又监控干部收入来源的合规合法性；四是在结果上实现鼓励"能政"干部晋升与鼓励"廉政"干部晋升两类机制的协同，防止干净但不干事或者能干但不干净的干部得到重用。

3. 采用干部"廉能"协同激励的评价模式

建议将干部的廉政绩效确定为约束性绩效，而将干部的主业绩效列为标志性绩效，共同组成干部绩效评价的核心内容。如果一个干部的廉政绩效差则可以直接否定其主业绩效，但一个干部仅仅是未出错和不违规，则不足以用来替代其糟糕的主业绩效。

三、压缩干部做"廉""能"选择题的空间

1. 创新干部绩效审计机制

统筹运用绩效评价和审计问责，从机制上将绩效考核与问责审计对接起来，建立廉能一体的考评机制。综合考虑政治、经济、文化、社会、生态五个层面的绩效与责任，在考评政治正确的前提下，

第七章
激励相容：促进干部"廉能耦合"的基本进路

合理分配其他层面的权重，整合提高绩效审计覆盖范围和统筹能力，避免干部在"廉""能"间取舍、在不同责任间取舍。

2. 解决当前容错纠错机制存在的界定标准多元化、概念模糊化和实施虚置化等问题

强化浙江省委、省政府《关于完善改革创新容错免责机制的若干意见》的规范作用，督导各级党委和政府正确适用干部容错纠错的基本原则和程序，统筹考虑干部出错行为动机的主观故意程度、行为过程的合法合理边界和行为结果的危害影响来甄别能容应纠之错的范围，避免干部相似的错误行为在不同地方出现明显不同的免责和考核结果。

3. 在业务考评中慎用"一票否决"约束机制

公共决策、公共管理和公共服务事务大多具有普遍联系的关系，而且多数属于不完全契约事项，难以通过一纸合约分清全部的权利与责任。建议在干部考评法规和政策中明确规定"一票否决"机制运用的范围、程序和争议解决的安排。清理不必要的"一票否决"事项，切实减少除涉及政治、廉政、公序良俗、重大民生事项和严重社会危害事件之外的"一票否决"事项，防止一些地方和领导为突出领导意志和部门权威滥用"一票否决"机制。

4. 构建厚爱干部的落地机制

一是明确在干部考评机制中体现厚爱干部的基本方向、具体原则、途径和度量问题。建议在不违反廉政规定的前提下，对干部考评中的卓异者，给予疗休养、医护保健等身心健康方面的特别关爱。二是建立干部职业生涯发展辅助制度。重点帮助解决干部工作繁

重引发的心理问题、家庭关系失衡问题,对因公引发的家庭关系紧张和有特殊困难的干部实施特别帮扶政策。

第三节
完善激励相容的干部容错纠错机制

一、容错纠错机制文本优化

制度的价值功能需要内容的合理性和过程的有效性来支撑。[①] 一方面,在坚持制度文本既有规范的同时,积极调适组织、干部和公众的行为偏好,弥补机制规范弹性的不足,积极营造宽容失败,鼓励改革创新的政治氛围。另一方面,也要把在容错纠错机制适用过程中发现的新问题及时总结归纳到容错纠错机制的文本中,不断提高制度文本的科学性、合理性。

一是积极探索容错内容负面清单制。由于社会生活的复杂性和决策领域的广泛性,要一一列举出适用容错免责的决策失误是不科学的,因此,可以采用负面清单制:(1)重大决策失误不可容错。比如,法律法规规定应进行听证的行政决策;涉及重大公共利益的行政决策;涉及面广、与民众利益切身相关的行政决策。[②](2)造成严重损失的行为不可容错。比如,严重损害个体生命健康、社会共同体的存续和国家共同体的安全的行为。(3)未经法定程序作出的重大决策不可容错。根据《中共中央关于全面推进依法治国若干

[①] 刘宁宁、郝桂荣:《新常态下如何科学构建容错机制》,载《人民论坛》2016年第11期。

[②] 郎佩娟:《容错机制法治化要立法先行》,载《中国党政干部论坛》2016年第8期。

第七章
激励相容：促进干部"廉能耦合"的基本进路

重大问题的决定》的规定，凡是重大决策的作出都要经公众参与、专家论证、风险评估、合法性审查、集体讨论决定确定五个程序，这五个程序缺一不可。

二是设置例外条款。对发生紧急情况但仍要求干部干事严格依法履职的这类情况设置例外条款，这属于调整应对紧急事件或处于紧急状态下，干部行为适用容错依据的问题。依据风险规制理论，风险的"最后10％"[1]揭示了行政资源有限性与民众公共安全诉求之间的距离，风险可能使规制主体"深陷偶然性和不确定性的织网之中"[2]。但在风险规制中，行政法的应急原则[3]要求行政机关及时决策、快速响应以及迅速行动，也必然带来风险。[4] 因此，干部在工作中遇到需要紧急处理的情况时，很难通过从容不迫的程序进行抉择，往往需要当机立断。即使最后的处理结果并不理想，只要行政决策者是严格依照法律法规或规范性文件履行职责，损害结果的发生与决策无直接因果联系，就适用容错纠错机制，而该标准的审查实行严格的"法无规定即禁止"原则。只有这样，机制才能站稳法理脚跟。

---

[1] "最后10％"指的是行政机关在规制最后10％的风险时，往往要承受不成比例的付出，技术与资源的有限、成本的高昂等因素决定了将风险消除至"零风险"水平不具备可行性。参见〔美〕史蒂芬·布雷耶：《打破恶性循环——政府如何有效规制风险》，宋华琳译，法律出版社2009年版，第5页。

[2] 〔德〕贝克、邓正来、沈国麟：《风险社会与中国——与德国社会学家乌尔里希·贝克的对话》，载《社会学研究》2010年第5期。

[3] 应急原则是指在某些特殊的紧急情况下，出于国家安全、社会秩序或公共利益的需要，行政机关可以采取没有法律依据的或与法律相抵触的措施。参见罗豪才主编：《行政法学》，北京大学出版社1996年版，第34页。

[4] 张哲飞、戚建刚：《公务员免责制度的规范分析》，载《理论探讨》2017年第4期。

二、坚持适度容错与科学纠错并行

一方面,鼓励担当要有底线。容忍试错不等于"纵错",构建容错纠错机制也绝非对干部责任的"松绑"或"放水",应正确辨别失误过失与违纪违法的情形,既不能因为害怕得罪人或承担责任而使原本可容的错误没法得到宽容,严重影响干部干事创新创业的劲头;同时,也应避免过度容错,对借改革创新之名徇私舞弊、贪污受贿及严重侵害群众利益等行为应坚决惩治,不能以容错纠错为借口规避或代替纪律处分,为本应受到处理的干部开脱。另一方面,要积极帮助和督促干部设计切实可行的预防和纠错措施,解决工作失误所涉的主要矛盾,切实取得涉及问题的治理成效或尽最大可能止损。一是要积极引导干部加强对决策规律的认识和研究,督促干部做好决策前的调研和科学论证;二是建构决策失误提醒机制,当单位或个人有犯错倾向时,要给予及时警醒、及早发现、及早纠正错误,防止错误的不良影响进一步扩大;三是完善失误补救方案,党政组织和社会公众要与干部一起形成纠错共同体,补救错误造成的损失。既不把容错作为遮掩错误为干部干事护短的手段,也不把出错干部置于对立面,而是致力于帮助干部直面问题,勇于承担责任。① 因为,容错纠错机制的意义并不是为了避免错误的产生,而是在于通过合理的制度和政策安排实现及时"纠偏"和"纠错"。② 只有这样才能彰显机制的治理功能。

---

① 蒋来用:《以务实精神合理创设容错机制》,载《人民论坛》2016 年第 11 期。
② 邸晓星:《在求实创新中推进干部容错机制建构》,载《理论探索》2017 年第 6 期。

第七章
激励相容：促进干部"廉能耦合"的基本进路

三、构建组织容错与社会容错结合的制度和文化

从制度和人文环境上建构有利于干部创新试错的氛围，党政组织不仅自身要有放弃地方"发展之手"的容错雅度，而且还要积极引导动员公众从长远看待利益的"保障之手"，宽容干部创新中的失误，尽最大可能为改革创新者营造鼓励担当、容忍试错的环境。因为，干部创新担当既是实现组织目标的需要，也是满足公众利益的需要，干部在工作中的失误仅仅得到组织的理解还不足以令干部全然释怀，服务对象如何看待干部工作中的失误会直接影响干部在公众中的形象和履职的民意基础。社会公众对待干部失误的态度是干部在容错纠错机制适用过程中行为偏好的重要约束性因素。基于此，在完善党政组织容错纠错机制的同时，还要积极构建社会容错的制度和文化。当前特别是要谨防高压反腐败背景下对干部举报的民粹化现象，[①]比如，妒忌、恶意举报和诬告等方式给勇于担当的干部造成的中伤。[②] 可以探索制定类似"预防和查处诬告陷害类信访举报办法"作为实施干部容错纠错机制的配套措施。只有这样，机制才能体现必要的情理关怀。

四、保障容错纠错机制适用过程的透明化

一要构建党政组织、干部个人和社会公众在容错纠错机制适用过程中的沟通机制，不唯单方目标价值和利益诉求，畅通各方调整

[①] 李建民：《关于查处恶意举报情况的调研报告》，载《中国纪检监察》2019年第8期。

[②] 近年来，一些地方的干部和民众借高压反腐败态势，滋长出诬告、勒索和恶意举报干部的风气，不容小觑。仅2018年，湖南、江西、山东和浙江就通报数十起恶意陷害干部的典型案例。河南周口曾出现集中诬告举报某一乡镇干部100余次的事件。参见史建民：《净化政治生态当谨防诬告》，载《中国纪检监察》2019年第8期。

行为偏好的渠道,积极求取各方可持续的最大公约数,合理兼顾各方价值与利益关切,提高容错纠错机制适用过程的弹性。二要坚持依申请启动与组织调查启动并行,在失误犯错单位或个人主动申请启动外,综合考虑失误事实、工作环境和补救成效等因素,规定由组织启动保护干部的容错免责程序。即由纪检监察部门、组织人事部门在对信访投诉、纪律审查、事故调查及绩效考评等过程中,发现符合容错要求,应当免除责任的,可启动履职容错程序。这样可以避免干部个人因各种顾虑放弃申请而令机制陷于长期雪藏不激活的尴尬。三是机制适用过程要坚持组织主导与公众监督并行。包括:(1)制定容错纠错制度时要公开透明,尤其是容错纠错机制的适用条件,党政组织要充分听取干部、相关领域专家和广大人民群众的意见,增强机制共识基础;(2)容错纠错运行过程要公开透明,应通过政府网站、官方微博、电视、报刊等多种方式向社会公开,使党员干部和广大人民群众全面细致地了解容错纠错机制的具体内容,营造鼓励创新、宽容试错失误的文化和环境;(3)认定结果的公开,即对提出申请的单位或个人,无论其行为是否适用容错纠错机制,都要将最终认定结果向社会公开,接受各方监督。只有这样,容错纠错机制才能兼顾法理、治理和情理的合理性,兼收地方发展、干部激励和公众利益保障的功效。

第四节
引入心灵治理:消解干部干净干事的心理障碍

一、干部心理障碍干预的反思

前面的实证研究已表明不同部门基层干部的心理障碍程度不

第七章
激励相容：促进干部"廉能耦合"的基本进路

同。因此，在讨论基层干部心理障碍的干预措施时，必须考虑基层干部所在的社会转型期大环境下的小环境，即部门里的行政改革文化。

目前基层政府各部门的预防、检测和矫正等基层干部心理障碍的干预措施并非没有，但针对性和操作性不强。在实际操作中，已有的心理治疗和干预调节收效甚微。"按规定建立了心理辅导站，不过都是摆设，没什么人去咨询……内部有轮岗机制，但只有少数几个人能够调动，专业知识也不同，普通干部几乎没有轮岗机会，一把手经常调动。"①因此，当前有关基层干部心理障碍的干预措施的问题不在于科学、系统、制度化等内容，而在于只注重横向干预，没有注重纵向干预；只注重物质干预，没有注重文化干预；只注重制度文化干预，没有注重精神文化干预。

一方面，中国的行政机构改革主要借鉴西方新公共管理思想，在效率上和配套措施上有较大进步，但是在梳理中国传统行政文化上没有真正做到"去其糟粕，取其精华"，"官场旧例""官僚主义""官本位"思想还依然存在，在社会转型大时代背景下有其一定的影响力，基层干部在中西官场文化夹缝中举步维艰，必须要进行纵向触及历史的干预。另一方面，当前的基层干部激励以物质和荣誉为主，存在一定的激励错配问题，且评优、奖金、工资上调力度过小，这些物质干预只能是表面的、没有吸引力的刺激，对内在驱动力影响较小，必须进行触及心理底层的文化干预。此外，一些已有的制度文化活动，如基层单位工会和党组织举办例行讲座、爬山等文体活

---

① 我们在浙北2市招投标管理办公室进行调研时，相关工作人员提出了4个心理困惑：(1) 我们好像什么都不是；(2) 现在不知道自己是什么身份了；(3) 不同科室工作人员机制身份差异大，难以协同工作；(4) 有些部门已经转制为企业单位或参公性质身份却照样拿着财政局的拨款，总之未知的东西太多。

动还比较僵硬,还没有充分调动基层干部的兴趣。要发挥这些制度文化干预的作用,尚须执行者注入精神文化,赋予活动背后的意义和情感,更好地激发基层干部的参与欲望。总之,解决不了纵向的、深度的精神文化干预,即使有轮岗制、EAP 服务模式等干预制度,也无法完成对转型期基层干部心理障碍的矫正。

二、心灵治理:塑造健康的部门行政改革文化

"心灵治理"理念是心理干预研究的新成果。该理念"认为人类社会的任何公共问题或公共事务都是个人的需求溢出问题,即个人需求超出其本人、家庭或社会的满足能力的问题。而作为一个以解决公共问题(或称处理公共事务)为主旨的实践领域,公共管理在解决需求溢出问题方面存在着两条路径:一条是物质治理的路径,即以物质资源满足人的溢出需求或以物质手段强令其接受需求溢出状态;另一条是心灵治理的路径,即通过非物质手段和非强制手段影响人的思维过程,使其自愿抑制或强化个人的特定需求,进而消除其需求溢出问题或使其安于需求溢出的状态"[1]。从人类社会公共管理的历史实践上看,物质治理路径无法全部解决社会中亟待解决的所有需求溢出问题,而心灵治理能够弥补物质治理路径的不足,因此成为公共管理活动中的一种基本路径。[2]

心灵治理的基本机制是通过影响人的思维过程来实现对人的行为的管理,而其作用方式是通过培养人的社会性需求和影响人对需求价值的认知来实现对人的思维过程的干预。那么,干预人的思

---

[1] 刘太刚:《心灵治理:公共管理学的新边疆》,载《中国行政管理》2016 年第 10 期。
[2] 张乾友:《如何理解作为一个公共管理问题的心灵治理——兼与刘太刚教授商榷》,载《中国行政管理》2017 年第 2 期。

第七章
激励相容：促进干部"廉能耦合"的基本进路

维过程就成为心灵治理机制的关键。借鉴库珀和卡特莱特提出的对人的思维干预的首要策略是改变人的文化动机的观点，塑造符合新时代精神的部门行政改革文化就顺理成章成为舒缓基层干部心理问题，达到对基层干部进行心灵治理效果的切入点。① 结合前述对中国基层干部心理障碍现状及来源特殊性的介绍，需要从以下四个方面构建健康的基层行政改革文化：

1. 意识层面要重视行政改革预期和不确定性教育，加强心理素质培养，积累干部忍受改革成本的心理资本

部门行政改革前需要对基层干部明确改革起点、终点、路线图、挫折点等可能影响干部参与改革行为的心理文化性因素。② 他们面临着社会转型和部门改革带来的身份困惑、出路困惑和具体工作技能更新压力。工作人员的属性、部门对变革的方式，以及直接领导的权威风格都会直接影响员工的心理和行为。

2. 机制层面要充分体现厚爱基层干部的干部管理文化

尊重基层干部工作和生活环境的特殊性，塑造既要为人民服务，也要为基层干部服务即为基层干部减压、减负的务实工作文化。基层干部不仅处于工作矛盾第一线，出错、遇怼、结仇的可能性大，而且可以自我舒缓的空间小、弥补的手段少，这就需要更多的组织和制度的救援。比如契合基层干部工作环境的容错纠错机制，适当比上级机关扩大一点容错范围，既防止懒政、怠政和避责行为的发生，又设身处地地为基层干部提供工作救济，能够很好地预防因害

---

① Cary L. Cooper and Sue Cartwright, An Intervention Strategy for Workplace Stress, *Journal of Psychosomatic Research*, Vol. 43, Iss. 1, 1997, pp. 8-9.
② 笔者对浙北 2 市招投标管理办公室负责人的访谈。

怕失误引发的心理障碍。

3. 职业发展过程层面充分体现公平、透明的激励文化

青年干部踏入基层都渴望证明自己,他们是基层干部体系中最有活力的部分,但同时他们对如何解决实际工作问题缺乏实战经验,容易浮躁、好高骛远,也最容易产生挫折感。因此,在基层更应该塑造公开、公正、透明的干部发展和晋升文化。因为,基层的腾挪空间、传播交往空间都很小,在涉及干部发展利益方面存在的些许偏颇都容易传播放大,激起青年干部的心理动荡,影响他们之间的协作团结。此外,还需打好激励干部职业发展组合拳,保证晋升渠道畅通,通过纵向流动、横向流动、轮岗、培训等组合拳盘活基层干部的出口。

4. 领导层面要普及心理疏导的主动性文化

基层干部心理障碍问题高发,倒逼相关部门为基层干部创造良好的工作环境、学习和成长环境。基层干部是国家机器的"手臂",在具体的政策执行中担负重任。为了改善基层干部的心理障碍问题,部门领导一方面要主动开展心理学的知识科普,使基层干部不再羞于谈论心理问题,尤其是应为特殊部门和特殊职务类别的基层干部定期提供心理疏导服务;另一方面,基层部门要主动进行心理疏导规划,有步骤地开展全员心理普查,及早进行预防和干预,形成健康的行政生态环境。

第七章
激励相容：促进干部"廉能耦合"的基本进路

第五节
强化精准问责：打击消极保廉

中国问责制度化及其实践可以追溯到 1998 年，准确地说应当是 2003 年。2003 年，中国发生了影响巨大的"非典"事件，一批行政官员被问责，这被普遍认为是中国"问责风暴的开端"。党的十八大之后，问责更是进入一个普遍化、实质性发展的新阶段。[①] 问责力度不断加大，问责内容不断丰富，问责必严的强烈信号不断释放。但随之而来的是一些地方问责不当现象逐渐增多，给一些积极干事的干部造成"错杀"，而有些干部则转而消极避责，对干部"廉能兼优"成长形成掣肘。十九届中央纪委第三次全体会议明确提出问责的精准化问题，加之《中国共产党问责条例》的出台，为精准问责提供了党内法规，意义重大。

一、问责不当对干部干净担当的消极影响

1. 问责泛化与干部消极保廉行为

一些地方将向下问责作为责任"甩锅"的手段，甚至作为一种工作方式。一些工作上的瑕疵，或者虽出现一些错误，但本可以通过容错纠错机制解决的问题，都被拿出来问责处理。比如，未及时接听巡视组电话、上班喝牛奶、会场上打瞌睡等。可以说，实践中一定程度上存在问责泛化、任性甚至过度的问题。问责过度过多其实反

[①] 任建明：《责任与问责：填补权力制度体系的要素空白》，载《理论探索》2016 年第 5 期。

而使问责不严肃,使得不少干部重拾了以往"不求有功,但求无过"的心理,滋长了消极保廉、避责的行为倾向。

2. 问责软化与干部乱作为

在新形势下,这种现象虽然较少,但也是问责不严肃的另一个极端。就是重重提起,轻轻放下,以时间换空间,以反省检查代替问责。这种"护犊子"式的问责容易让一些干部以改革创新之名行胡作非为之实。

3. 问责简单化与干部"浑水摸鱼"

一些地方急于问责,或者问题、程序还不清楚时就提出问责。比如,对如何划分问责对象的责任把握不准;对怎么定性定量,采取何种问责方式把握不准;对问责尺度掌握宽严不一,对问到哪一级别、到什么程度把握不准;在对问责概念理解不清等情况下就开始问责、追责,容易使所追之责、所追之人"张冠李戴",从而给一些干部提供了"浑水摸鱼"的机会。

4. 问责异化与多数干部不作为

问责异化是指将问责作为打击报复的一种方式。有人将问责中存在的问题总结成"三多三少""三重三轻":"问责科级以下干部较多,问责县处级以上领导干部较少;问责班子成员较多,问责主要领导较少;问责直接责任较多,问责领导责任较少。""在党政之间、不同层级之间、正副职之间,出了问题,往往追究政府的责任重,追究党委的责任轻;追究下一层级的责任重,追究上一层级的责任轻;

第七章
激励相容：促进干部"廉能耦合"的基本进路

追究副职的责任重，追究主职的责任轻。"①其结果必然是伤害多数干事之人的心，久而久之，实心干事之人也没真心干实事。

二、问责不精准的约束因素

关于问责实践中出现的偏差和问题，从各种主客观因素看，主要表现在以下三个方面：

1. 权责结构存在不对称性，不够刚性

尽管经过近年的努力，特别是不断强化责任和问责方面的实践，权责不对应情况有所改变，但从总体来看，权责不对应仍是较为普遍的现象。这包括：在不同职位上权大责小或责大权小，在不同等级或部门中，各职位的权力与责任的弹性较大，有的甚至预留了权责的选择空间，出了问题，责任向下，而权力则不放手。这样，就容易出现问责对象、行为的不精准。本该问责的权力很大，有能力将责任"甩"出去。

2. 问责的法规制度设计还不够健全、完整

问责类似于诉讼，涉及责任人的工作前途，甚至身心自由，也需要讲究程序，需要依法依规作出，需要保障被问责人的权利，特别是申辩事由的权利，不能简单按照上下级的行政指令作为问责的依据。因此，需要从问责和被问责两个方面建构法规制度体系，建立相应的机制。

---

① 王菲菲、乌梦达、高皓亮、巩志宏、胡锦武、齐雷杰：《精准问责正当时》，载《半月谈内部版》2017年第11期。

3. 权力运行的轨迹记录不完整

精准问责的关键是职权行使过程的记录完整,这是判断问责的依据,诸如是否有过错、该不该问责、该向谁问责,都需要不可篡改的证据作支撑。但现在权力运行的记录除了重大决策有会议记录外,执行和监管环节大都缺乏完整可还原的记录机制和设施,难以保障精准问责所需要的证据确凿和完整。

三、"四位一体"推进精准问责

要做到精准问责必须保障五大要素的精准:问责对象、行为、属性、依据和处置结果。具体而言,需要从健全四个机制入手:

1. 问责的法治化

问责的法治化包括问责有法可依、有法必依、执法必严、违法必究四个层面。一方面要完善问责的党内法规、国家法规、各级决策机制,保障问责的依据合法可靠;另一方面要建立依法问责的机构与机制,也就是健全依据严格问责法规的问责体系和程序,落实依法问责,保障问责和被问责双方的权利,使问责在法律和制度规定的范围内进行,避免问责异化。一句话,精准问责首先要保证问责以法律制度为准绳。

2. 问责的智能化

精准问责的另一个重要支撑是以事实为依据。为此,需要借助数字政府建设和智慧治理等基础设施构建公权力运行的智能化信息记录系统,对重点问责事项的决策—执行—监督全过程运行信息进行数字化收集处理,保全问责中设计的对象、行为等事实性要素的证据链完整。避免事后调查可能产生的误差、误解甚至误导。

3. 问责的协同化

大部分情况下,责任本身是多成员、单位共担的,同时责任的关联性很强,上下游责任相互影响,有时互为因果,因此需要一体问责,才能真正做到精准问责。这里的协同就包括问责部门要协同开展问责,问责过程要一体推进,也包括被问责的多个对象也要一体接受问责。避免问责出现轻重偏废。

4. 问责的公开化

问责与诉讼比较类似,除非涉及机密,问责应该尽可能公开进行。公开问责是精准问责的重要保障,更能体现问责工作的严肃性,也是促进问责部门依法依规问责的有效手段。同时,公开问责也有利于接受监督,保障问责的公允、公正。因此,应根据《中华人民共和国信息公开条例》的要求,按照公开是常态、不公开是例外的原则,在问责开展前对被问责对象、事由、依据等信息进行公开。

余 论

一、腐败新变化

1. "合规"腐败

"八项规定"颁布实施后,公务行为中的合规意识、程序意识都大为增强。但在制度和程序许可之内做事,并不一定就公正、公平和没有交易。因为,任何上位法和制度对下级单位的制度和程序设定都不可能规范到严丝合缝的程度,下级的再决策能力与执行权都有一定的弹性空间,他们往往会把这种弹性用到顶格,尽可能把许多存在交易空间的行为纳入制度、程序。比如,公共部门普遍都推行政府采购,诸如用车、会议、差旅购票、印刷等的招标采购原本都是为了防控腐败的举措,但招标后有关服务的质量和价格并不比自主的市场获得方式来得合算。原因很简单,就是在招标制度设计和实施过程中可以"扎扎实实走程序",但在实质内容上却是"认认真真走过场",把大量隐形腐败的东西装进完全"合规"的制度和程序中,以至于业内人士也直呼招标在很大程度上为有关人员提供了舞弊营私之便。①

---

① 高昱:《政府采购亟需网络审计平台填补漏洞》,载《人民论坛》2016年第33期。

2. "无过"腐败

从以往查处的腐败大案要案中可以发现,"能人腐败"现象比较突出,①有人曾将此类腐败概括为通过主动的政绩作为来实现和掩盖高额的违规回报,称之为"积极腐败"。② 而现在更多的是不作为式的"消极腐败",其核心是以求"无过"为标尺,主动束缚或默认下属的不作为行为。2015年4月《人民论坛》杂志社发布的调查报告显示,71.7%的调查对象表示自己在与干部打交道办事时经常有"为官不为"的切身体验。③ 表面上看,"慵懒散"式的不作为不符合传统意义的"以权谋私"腐败,但其实质仍然是不给好处就不办事现象的翻版。2014年,李克强总理在听取国务院出台政策措施推进情况督查汇报后指出,庸政、懒政同样是腐败。④ 当前,公务行为中的"消极腐败"主要表现为:精神萎靡的"瞌睡式";推诿扯皮的"太极式";文山会海的"传话式";出工不出力的"磨洋工式"。其中尤以"传话式""消极腐败"比较普遍,这种方式既可以做足紧跟中央和上级精神的表面文章,又可以避开"过与不及"的问责过错。近几年,中央对推动经济社会发展诸领域创新有诸多利好的政策精神,但不少地方多以二次会议、印发文件、发个书面通知的形式来传达,结合地方、部门资源优势禀赋,据理将本地情况反映到上级精神中或结

---

① 2014年10月,中央巡视组在对上海、江苏等6个巡视点的反馈报告中首次指出"能人腐败"突出。参见王姝:《六巡视点均存在顶风作案》,载《新京报》2014年10月31日第A01版。

② 郝俊杰:《中国共产党践行马克思利益冲突防范理论的路径探讨》,载《毛泽东思想研究》2013年第2期。

③ 《部分官员不作为真实原因调查分析报告》,http://www.cssn.cn/dzyx/dzyx_xyzs/201506/t20150612_2031725.shtml,2020年6月20日访问。

④ 资料来源:http://finance.sina.com.cn/china/20140717/090919728566.shtml,2020年6月10日访问。

合本地实际使上级精神尽快落地的少。"留痕不留绩"的现象并非个案。

3."微"腐败

以往以权钱交易、公开吃拿卡要为代表的"显"腐败居多,现在以"暗箱"相互交换支持的"微"腐败较常见。主管部门向关系紧密的下属单位提供的交换支持主要表现为:绩效硬任务的"微"调减,资源性指标(如用地指标、人员编制、财政转移支付)"微"调增,重大政策信息"微"透露(尚在酝酿不便普遍公开,但有基本倾向性的意见),办事流程上"微"提速(越过一般流程或不采取"抽屉"搁置)等。由于主管部门采取的上述支持不是普遍性、无差别的,因而对其他下属单位造成了不公平的发展环境,当属不公正使用公权力。除传统的政绩支持外,下属单位向主管部门提供的交换支持主要表现为:以"上挂借调"为名免费提供工作人员,①提供公共服务的特别关照(特别是医疗、保健、教育、养老等领域),提供项目合作回报(主管部门在向下属单位下达项目后,下属单位再以合作调研的名义为主管部门相关人员提供便利性支持)等。下属单位提供的上述支持也不是向服务对象普遍开放,当属利益输送。

二、促进干部廉能耦合的新机制

通过"以惩促防,标本兼治"的"惩处性防治",建构"不敢腐"的高压反腐态势,倒逼"不想腐、不能腐"的自主防腐体系的成长是十

---

① 借调人员过多实际上已成为下属单位向上级关照提供的一种利益回报,是变相的"跑部钱进"手法。2014年,湖南省某省级机关一次清理借调人员就高达100余人,超过该机关实际在编人员数。参见郭文婧:《清理"借调干部"要指标更要治本》,载《光明日报》2014年1月17日。

八大以来党防治腐败的新举措。为进一步巩固高压反腐态势的成果,除了继续强化"惩处性防治"这一手的推动力外,还须补齐"保护性防治"另一手的短板。如果说"惩处性防治"主要是通过强大的惩处威慑迫使公务人员惧怕无以背负的腐败成本而减少和放弃腐败行为的话,"保护性防治"则主要是从增加不腐败的获得感让公务人员自主避开腐败行为,保护干部拒腐防变的正能量。著名的行为科学家和心理学家维克托·H. 弗鲁姆(Victor H. Vroom)提出的期望理论,认为个体对目标的把握越大,达到目标的概率越高,所能激发的动力也就越强烈。① 但是,要管控行为与目标的偏离值,需要正反向动力的有机结合。"惩处性防治"和"保护性防治"就好比"大棒"和"胡萝卜",分别承担着反向强化和正向强化防控腐败功能的两手。面对公务腐败发生的"动力—机制—模式"出现的新变化,特别是"庸政式腐败""微腐败"的增多,健全"保护性防治"机制可以更好地起到增强干部职业自豪感、强化干部自主防控腐败的双重作用。

1. 加快推进干部薪酬机制的现代化

官员寻租的主观因素主要来源于两方面,即贪得无厌的趋利欲望、付出与报酬显不相称而选择的自我补偿,后者的很大一部分成因又源自干部薪酬制度的缺陷。比如结构相对单一、模式比较僵化、水平相对偏低等。相关研究显示,中国干部薪酬增长率一直低于行政管理费增长率、人均国内生产总值增长率和人均财政收入增长率;干部薪酬水平赶不上经济社会发展步伐,在各行业薪酬中的位置始终处于中值位置,薪酬水平偏低。② 而与此相对照的是,干部

---

① Victor H. Vroom, *Work and Motivation*, Wiley, 1964, pp. 2-33.
② 王郑丰、李金珊、陈小红:《公务员薪酬水平与腐败程度的实证研究》,载《学术论坛》2013年第8期。

普遍"责任多""考核多""加班多"。相对低薪＋较高负荷无疑会持续挤压干部廉能的弹性空间。警示教育和"惩处性防治"可以对腐败的发生发挥很好的"前车之鉴"作用,但面对额外的即时补偿机会,腐败行为人并非总能同样即时想起"前车之鉴",否则,在某些领域"前腐后继"的现象就不会发生。因此,有必要将干部职业回归为普通职业,推进干部薪酬机制的现代化。

一是在精神上继续强化干部的"公仆化"教育的同时,在制度上要按人力资源管理规律科学设计干部职业的薪酬结构和模式。其核心是打破干部薪酬体系中"平均主义"的桎梏,体现不同岗位所承担的责任和风险大小以及贡献程度,使干部收入与其履职能力、付出的精力和工作效能相匹配。因为,从人力资源角度看,除义务、志愿性工作外的任何领域用工都会受市场化调节的影响。在开放的进出机制和严格监管的权力运行环境下,要保护干部队伍的稳定性和工作的主动性,也脱离不了公平报酬规律的支配。

二是在理念上可以不把"养廉"建立在"高薪"基础上,但这不妨碍我们在制度上将干部薪酬与人均国内生产总值增长率、人均财政收入增长率、政府服务满意度和社会其他职业平均工资水平增长情况这些决定薪酬水平的基本因素挂钩,适时动态调增干部薪酬。特别是在当前中国干部素质和养成成本普遍高于社会从业人员平均水平以及政府责任还比较宽泛的情况下,不应过于压低干部平均薪酬水平。

三是政府"放管服"职能转变、精减人员与薪酬改革协同推进,切实减少对干部非关键任务的刚性考核,明晰干部核心责任边界,整顿导致无谓加班的官僚主义工作作风,最大限度地降低干部付出与报酬的不公平感。

2. 加大职级制的弹性、弱化干部的职务晋升依赖

根据已有的腐败案件分析，干部职务晋升"关键期"和腐败放纵"爆发期"之间往往存在一定的年龄关系，即省—市县—乡镇不同层级的干部分别在 55 岁、45 岁、35 岁左右会面临一个职务晋升的关键期，如果再经过 4—5 年的努力，他们越不过去，就可能长期受到晋升"天花板"的压制，于是一些人会在 59 岁、49 岁、39 岁这些年龄段寻求腐败。① 也有研究认为，腐败官员往往在下一个职务晋升前有一个准备期，其间往往是努力工作和腐败的组合。② 不管哪种情况，都说明中国干部相对单一依赖职务晋升的激励机制客观上强化了部分官员会在晋升与腐败之间作出选择。因此，需要建构干部多维激励体系，使干部的职业生涯不完全与职务晋升挂钩。其中，推行职级制，使之作为干部价值认同的平行形式值得探索。这不仅是满足干部职业越来越技术化、专业化和复杂化的需要，更重要的是因为职务作为管理层级的节点必然有严格的职数限制，难以承载普遍的工作价值评价功能。相比之下，职级拥有更多的灵活性，可以适应不同岗位、不同层级、不同地域和不同年龄段的干部价值评价，有更强的激励和满足功能，从而减弱干部在职务晋升与腐败（慵懒散）之间作出选择的冲动。为确保职级不落为职务的替代品，充分发挥职级保护干部自主防控公务腐败的正能量，必须打破职级高低受所在单位行政级别的限制。就像部属高校与职业技术学院都可以评教授，三甲医院、二甲医院都可以评主任医师一样，县处级行政单位的干部只要符合规定的条件也可以和省部级行政单位的干部

---

① 晓阳：《腐败年龄的背后》，载《检察风云》2001 年第 7 期。
② 邓崧、李目文：《中国省部级官员腐败问题研究——以 2009—2015 年 50 个案件为例》，载《北京航空航天大学学报（社会科学版）》2017 年第 1 期。

一样评聘同样等级的干部职级。这样在下级和基层工作的干部就用不着采取不正当手段去谋求级别晋升，而在高层机关工作的干部也无"渔利"的身份优势。

3. 强化廉能考核与建设的统筹

（1）统筹"清廉"建设与民生实务发展的关系，让公众在增加获得感中切身体认到政府清廉建设的成效

习近平总书记多次强调要让正风反腐给老百姓带来更多获得感。2018年1月，习近平总书记在十九届中央纪委第二次全体会议上发表重要讲话时指出，加强作风建设必须紧扣保持党同人民群众血肉联系这个关键。① 因此，新时代的清廉建设要在做足党员干部、公职人员和党建党务工作的基础上，进一步走进社会、走近公众、走向民生实务。各地要开展同公众朝夕相处的"微官"作风专项整治活动，盯牢公众经常找政府办的"难事"中的腐败，将清廉建设的成效评价与公众感知到"难事办好""好事办实"的程度有机结合起来，将清廉建设与各级地方党委、政府的重点民生工作结合起来，将清廉建设与扶贫攻坚战结合起来，进一步夯实"清廉中国"建设的民意基础。

（2）统筹对干部"严管"与"厚爱"、"激励"与"约束"的关系，促进干部"廉能耦合"发展

干部"廉能耦合"发展是实现"全面从严治党，不断提高党的执政能力和领导水平"目标的一体两面，而积极构建"严管和厚爱相加，完善激励和约束并重的干部考核评价机制"则是促进干部"廉政"与"能政"达到良性耦合的制度保障。将"廉政"与"能政"激励协

---

① 《习近平在十九届中央纪委二次全会上发表重要讲话》，http://www.gov.cn/zhuanti/2018-01/11/content_5255713.htm，2020年6月20日访问。

同起来，就是要强调"能而保廉"，而非消极保廉。因此，应结合"最多跑一次"改革，从杜绝"慵懒散"和容忍"不可避免之错"两个维度，建立"廉政"与"能政"协同激励机制。加快形成干部绩效奖励机制与干部财产申报登记机制协同、容忍改革试错机制与查处违规违纪机制协同、鼓励自主改革机制与廉政警示问责机制协同、防范"硬发展"机制与打击"慵懒散"机制协同的促进干部既干净又有为的体制机制生态。重点消除单纯政绩激励下的"能人腐败"现象和反腐败高压态势下的"庸人履职"现象，进一步夯实"清廉中国"建设的干部与组织基础。

（3）统筹"清廉"建设与"清廉"宣教的关系，综合运用教育、文化和新媒体等多种手段提高"清廉中国"建设的宣教效度

"清廉中国"建设是百年大计的长效工程，要在继续强化党政干部廉洁自律的同时，从以下三个方面规划好、落实好"清廉中国"建设的宣教工作：一是将清廉理念、清廉案例、清廉纪律法规等内容整合编入国民教育体系的思想、道德和政治类课程中，让"清廉教育"进教材、进课堂，教育公民从学生时起就养成"清廉观"；二是深耕挖掘各地清廉家规、人物典故、史志传说，设立"清廉中国"文化研究工程，打造"清廉中国"系列书籍、网络文化精品和影视剧作品；三是密切结合青年人接触信息的新形式、新渠道，善用新媒体"点对点"地做好"清廉中国"宣传，重视通过图文、音视频等形象化的形式宣传"清廉中国"建设的新举措、政府权力清单、"最多跑一次"改革动态和查处违规的典型案例，让民众实时感知、触摸到清廉建设的动感，进一步夯实"清廉中国"建设的社会文化基础。

参 考 文 献

一、中文文献

（一）著作类

1.〔美〕爱德华·L.格莱泽、克劳迪娅·戈尔丁主编：《腐败与改革：美国历史上的经验教训》，胡家勇、王兆斌译，商务印书馆2012年版。

2.〔英〕安德鲁·海伍德：《政治学核心概念》，吴勇译，天津人民出版社2008年版。

3.〔美〕比尔·麦吉本：《幸福经济：从"更多"到"更好"》，林丽冠译，南海出版社2010年版。

4.〔美〕彼得·布劳：《社会生活中的交换与权力》，孙非等译，华夏出版社1988年版。

5. 卜宪群主编：《中国历史上的腐败与反腐败（上、下册）》，鹭江出版社2014年版。

6.〔美〕布坎南、康格尔顿：《原则政治，而非利益政治：通向非歧视民主》，张定淮、何治平译，社会科学文献出版社2008年版。

7.〔美〕布坎南、瓦格纳：《赤字中的民主》，刘廷安、罗光译，北京经济学院出版社1988年版。

8. 陈国权、毛益民等：《权力法治与廉政治理》，中国社会科学出版社 2018 年版。

9. 丛树海主编:《财政扩张风险与控制》,商务印书馆 2005 年版。

10. 邓杰、胡廷松:《反腐败的逻辑与制度》,北京大学出版社 2015 年版。

11. 邓联繁:《建设廉洁中国:时代新篇章与廉学新视角》,人民出版社 2018 年版。

12. 〔美〕迪特尔·哈勒、〔新西兰〕克里斯·肖尔主编:《腐败:人性与文化》,诸葛雯译,江西人民出版社 2015 年版。

13. 段龙飞、任建明编著:《香港反腐败制度体系研究》,中国方正出版社 2010 年版。

14. 〔荷〕菲特丽丝:《法律论证原理——司法裁判之证立理论概览》,张其山等译,商务印书馆 2005 年版。

15. 郭剑鸣:《传统政府治理与监管模式下的公务腐败》,中国社会科学出版社 2017 年版。

16. 郭剑鸣等:《"清廉浙江"公众感知评估报告(2018 年度)》,光明日报出版社 2019 年版。

17. 郭剑鸣、裴志军等:《浙江省县(市、区)政府廉洁反腐败的公民感知评估报告(2015 年度)》,红旗出版社 2015 年版。

18. 郭剑鸣、裴志军等:《浙江省县(市、区)政府廉洁反腐败的公众感知评估报告(2016 年度)》,红旗出版社 2017 年版。

19. 过勇:《经济转轨、制度与腐败》,社会科学文献出版社 2007 年版。

20. 〔德〕哈贝马斯:《在事实与规范之间》,童世骏译,生活·读书·新知三联书店 2003 年版。

21. 〔美〕哈特:《企业、合同与财务结构》,费方域译,上海三联书店、上海人民出版社 1998 年版。

22. 何显明:《市场化进程中的地方政府行为逻辑》,人民出版社 2008 年版。

23. 何增科:《政治之癌——发展中国家腐化问题研究》,中央编译出版社 2008 年版。

24. 季正矩:《通往廉洁之路:中外反腐败的经验与教训研究》,中央编译出版社 2005 年版。

25. 金太军等:《行政腐败解读与治理》,广东人民出版社 2002 年版。

26. 金太军、张劲松、沈承诚:《政治文明建设与权力监督机制研究》,人民出版社 2010 年版。

27. 康蚂:《底层潜规则》,武汉出版社 2010 年版。

28. 兰小欢等编译:《腐败与反腐败的经济学》,北京大学出版社 2016 版。

29. 李成言主编:《廉政工程:制度、政策与技术》,北京大学出版社 2006 年版。

30. 李浩铭:《办公室潜规则》,中国华侨出版社 2010 年版。

31. 李辉:《当代中国反腐败制度研究》,上海人民出版社 2013 年版。

32. 李秋芳主编:《反腐败思考与对策》,中国方正出版社 2005 年版。

33. 李秋芳、孙壮志主编:《反腐败体制机制国际比较研究》,中国社会科学出版社 2015 年版。

34. 李翔:《反腐败法律体系构建的中国路径研究》,上海人民出版社 2013 年版。

35. 李雪慧:《时评反腐败》,中国方正出版社 2004 年版。

36. 李治安主编:《中国五千年中央与地方关系》,人民出版社2010年版。

37.〔美〕理查德·雷恩:《政府与企业——比较视角下的美国政治经济体制》,何俊志译,复旦大学出版社2007年版。

38. 林尚立:《国内政府间关系》,浙江人民出版社1998年版。

39. 刘建雄:《财政分权、政府竞争与政府治理》,人民出版社2009年版。

40. 刘贤明:《宪法与公约视角下中国反腐败立法研究》,国家行政学院出版社2013年版。

41. 刘亚平:《当代中国地方政府间竞争》,社会科学文献出版社2007年版。

42.〔德〕罗伯特·阿列克西:《法律论证理论》,舒国澄译,中国法制出版社2002年版。

43. 马骏、侯一麟、林尚立主编:《国家治理与公共预算》,中国财政经济出版社2007年版。

44. 倪新:《腐败与反腐败的经济学研究》,中国社会科学出版社2004年版。

45. 彭文德、杨麻主编:《走出"周期率":关于腐败和反腐败的思考》,法律出版社1995年版。

46.〔美〕乔纳森·卡恩:《预算民主:美国的国家建设和公民权(1890—1928)》,叶娟丽等译,上海人民出版社2008年版。

47. 秦晓:《市场化进程:政府与企业》,社会科学文献出版社2010年版。

48. 任建明等:《中国新时期反腐败历程》,党建读物出版社2014年版。

49. 任建明主编:《反腐败制度与创新》,中国方正出版社2012

年版。

50. 商红日、张惠康主编:《反腐败与中国廉洁政治建设研究报告(Ⅰ)》,北京大学出版社 2015 年版。

51. 上海财经大学公共政策研究中心编:《2009 中国财政透明度报告——省级财政信息公开状况评估》,上海财经大学出版社 2009 年版。

52. 邵景均:《科学发展观视野下的反腐败 6 论》,中国方正出版社 2007 年版。

53. 沈荣华、钟伟军:《中国地方政府体制创新路径研究》,中国社会科学出版社 2009 年版。

54. 〔美〕史蒂芬·布雷耶:《打破恶性循环:政府如何有效规制风险》,宋华琳译,法律出版社 2009 年版。

55. 汪太理等主编:《中外反腐败史鉴》,中国人民公安大学出版社 1991 年版。

56. 汪志芳等:《反腐败论》,浙江人民出版社 1991 年版。

57. 王爱琦、王寿林主编:《权力制约和监督专题研究》,中共中央党校出版社 2007 年版。

58. 王焕祥:《中国地方政府创新与竞争的行为、制度及其演化研究》,光明日报出版社 2009 年版。

59. 王建芹:《强化监督 制约权力:中国反腐败的理性思考》,中国方正出版社 1997 年版。

60. 王俊豪等:《中国城市公用事业民营化绩效评价与管制政策研究》,中国社会科学出版社 2013 年版。

61. 王秀芝:《部门预算制度研究》,经济科学出版社 2007 年版。

62. 王雍君、张拥军:《政府施政与预算改革》,经济科学出版社

2006年版。

63．巫永平、吴德荣主编:《寻租与中国产业发展》,商务印书馆2010年版。

64．吴丕主编:《中国反腐败——现状与理论研究》,黑龙江人民出版社2003年版。

65．吴思:《潜规则:中国历史中的真实游戏(修订版)》,复旦大学出版社2009年版。

66．吴思:《血酬定律:中国历史中的生存游戏》,语文出版社2009年版。

67．吴思:《隐蔽的秩序——拆解历史弈局》,海南出版社2004年版。

68．吴思、李晨主编:《转折:亲历中国改革开放》,新华出版社2009年版。

69．〔美〕小威廉·T.格雷姆、斯蒂芬·J.巴拉:《官僚机构与民主——责任与绩效》,俞沂暄译,复旦大学出版社2007年版。

70．谢春涛主编:《中国共产党如何反腐败》,新世界出版社2016年版。

71．谢庆奎、杨宏山:《府际关系的理论与实践》,天津教育出版社2007年版。

72．许宗力:《法与国家权力》,台湾月旦出版公司1993年版。

73．薛立强:《授权体制:改革开放时期政府间纵向关系研究》,天津人民出版社2010年版。

74．杨国枢:《中国人的心理与行为:本土化研究》,中国人民大学出版社2004年版。

75．杨虎涛:《政府竞争对制度变迁的影响机理研究》,中国财政经济出版社2006年版。

76. 杨雷:《中国行政成本控制机制研究——基于预算改革的视角》,经济科学出版社 2011 年版。

77. 杨其静:《市场、政府与企业:对中国发展模式的思考》,中国人民大学出版社 2010 年版。

78. 杨雪冬、赖海榕主编:《地方的复兴:地方治理改革 30 年》,社会科学文献出版社 2009 年版。

79. 姚洋:《作为制度创新过程的经济改革》,格致出版社、上海人民出版社 2008 年版。

80. 余晖:《谁来管制管制者》,广东经济出版社 2004 年版。

81. 袁峰:《当前中国的腐败治理机制——健全反腐败惩戒、防范和保障机制研究》,学林出版社 2015 年版。

82. 张宏杰:《顽疾——中国历史上的腐败与反腐败》,人民出版社 2016 年版。

83. 张建明:《制度反腐:浙江反腐败实践与对策研究》,浙江人民出版社 2012 年版。

84. 张紧跟:《当代中国政府间关系导论》,社会科学文献出版社 2009 年版。

85. 张劲松等:《政府关系》,广东人民出版社 2008 年版。

86. 张军、周黎安:《为增长而竞争:中国增长的政治经济学》,格致出版社、上海人民出版社,2008 年版。

87. 张云鹏:《反腐败经济学》,社会科学文献出版社 2009 年版。

88. 郑永年:《中国模式——经验与困局》,浙江人民出版社 2010 年版。

89. 郑育家:《企业性质、政府行为与真实控制权安排》,上海交通大学出版社 2010 年版。

90. 周黎安:《转型中的地方政府:官员激励与治理》,格致出版社、上海人民出版社2008年版。

91. 周益扬等主编:《反腐败研究(第十二集)》,浙江大学出版社2013年版。

92. 周振超:《当代中国政府"条块关系"研究》,天津人民出版社2009年版。

93. 朱春奎、侯一麟、马俊主编:《公共财政与政府改革》,上海人民出版社2008年版。

94. 朱光华、陈国富等:《政府与企业——中国转型期政企关系格局演化》,中国财政经济出版社2005年版。

95. 朱光磊:《当代中国政府过程(第三版)》,天津人民出版社2008年版。

96. 朱光磊等:《当代中国社会各阶层分析(2007年版)》,天津人民出版社2007年版。

(二)期刊类

1. 白列湖:《协同论与管理协同理论》,载《甘肃社会科学》2007年第5期。

2. 毕宏音:《从各地试水看"容错纠错机制"的系统建构》,载《人民论坛》2016年第11期。

3. 边宇海:《"为官不为"现象思想根源探析》,载《毛泽东邓小平理论研究》2015年第4期。

4. 蔡宝刚:《腐败的发生病理与矫治法理——腐败征候群视域下的比较与启示》,载《法律科学》2013年第2期。

5. 陈刚、李树:《官员交流、任期与反腐败》,载《世界经济》2012年第2期。

参考文献

6. 陈肖生:《合理性与政治合法性——罗尔斯的自由主义政治合法性原则探究》,载《政治思想史》2011年第3期。

7. 戴长征:《社会政治生态视角下的腐败与反腐败斗争》,载《探索与争鸣》2013年第2期。

8. 戴立兴:《"错"与"非错"的标准如何厘清》,载《人民论坛》2017年第26期。

9. 邓晓辉:《容错纠错需划清"可容"与"不可容"界限》,载《人民论坛》2017第13期。

10. 邸晓星:《在求实创新中推进干部容错机制建构》,载《理论探索》2017年第6期。

11. 杜黎明:《容错的正面清单与纠错的对策清单》,载《人民论坛》2017年第26期。

12. 杜娅林、汪娓娓:《公务员队伍激励机制的构建与优化——以宁波为基础的个案研究》,载《宁波经济(三江论坛)》2010年第8期。

13. 范柏乃、程宏伟、张莉:《韩国政府绩效评估及其对中国的借鉴意义》,载《公共管理学报》2006年第2期。

14. 丰存斌:《建立容错机制 推动形成良好的用人导向》,载《中国党政干部论坛》2016年第8期。

15. 高桂冰:《腐败根源及其防线的经济学分析》,载《中山大学研究生学刊(社会科学版)》2002年第2期。

16. 郭峰:《产业集群与区域创新耦合机制研究》,载《学习论坛》2006年第7期。

17. 郭剑鸣:《从预算公开走向政府清廉:反腐败制度建设的国际视野与启示》,载《政治学研究》2011年第2期。

18. 郭剑鸣:《国际清廉评价话语体系认知与中国清廉评价话

语权建设——以公众感知与政府自觉的耦合为视角》,载《政治学研究》2017年第6期。

19. 郭剑鸣:《解决利益不对称:行政授权改革的基本路径》,载《社会科学战线》2015年第7期。

20. 郭剑鸣:《廉能激励相容:完善干部考评机制的理论向度与实施进路》,载《社会科学战线》2018年第11期。

21. 过勇、宋伟:《腐败测量:基于腐败、反腐败与风险的视角》,载《公共行政评论》2016年第3期。

22. 何家弘:《论反腐败机构之整合》,载《中国高校社会科学》2017年第1期。

23. 胡杰:《容错纠错机制的法理意蕴》,载《法学》2017年第3期。

24. 黄其松、孙永宁:《腐败与反腐败的博弈:权力与权利的视角》,载《理论探讨》2008年第4期。

25. 季卫东:《法律解释的真谛(下)——探索实用法学的第三道路》,载《中外法学》1999年第1期。

26. 蒋来用:《以务实精神合理创设容错机制》,载《人民论坛》2016年第11期。

27. 金太军、张健荣:《"为官不为"现象剖析及其规制》,载《学习与探索》2016年第3期。

28. 郎佩娟:《容错机制法治化要立法先行》,载《中国党政干部论坛》2016年第8期。

29. 郎佩娟:《容错纠错机制的可能风险与管控路径》,载《人民论坛》2016年第11期。

30. 李追阳:《反腐败与企业社会责任研究》,载《财经论丛》2018年第9期。

31. 刘明定:《构建容错机制的逻辑悖论与破解之策》,载《领导科学》2016年第6期。

32. 刘宁宁、郝桂荣:《新常态下如何科学构建容错机制》,载《人民论坛》2016年第11期。

33. 刘艳红:《中国反腐败立法的战略转型及其体系化构建》,载《中国法学》2016年第4期。

34. 刘耀彬、李仁东、宋学峰:《中国城市化与生态环境耦合度分析》,载《自然资源学报》2005年第1期。

35. 刘再春:《发达国家官员财产申报制度及其启示》,载《理论探索》2011年第3期。

36. 陆唯:《"治庸问责"的现状、问题与措施研究》,载《行政事业资产与财务》2012年第14期。

37. 吕红娟:《各地怎样构建容错纠错机制》,载《中国党政干部论坛》2016第8期。

38. 倪星、陈兆仓:《绩效驱动的治理:反腐败运动的组织学分析》,载《武汉大学学报(哲学社会科学版)》2012年第6期。

39. 倪星、李珠:《政府清廉感知:差序格局及其解释——基于2015年度全国廉情调查的数据分析》,载《公共行政评论》2016年第3期。

40. 倪星、孙宗锋:《经济发展、制度安排与地方反腐败力度——基于G省面板数据的分析》,载《经济社会体制比较》2015年第5期。

41. 倪星、孙宗锋:《政府反腐败力度与公众清廉感知:差异及解释——基于G省的实证分析》,载《政治学研究》2015年第1期。

42. 聂辉华、王梦:《政治周期对反腐败的影响——基于2003～2013年中国厅级以上官员腐败案例的证据》,载《文化纵横》2014

年第 5 期。

43. 沈春苗、郑江淮:《资源错配研究述评》,载《改革》2015 年第 4 期。

44. 石学峰:《从严治党实践中的领导干部"为官不为"问题及其规制》,载《云南社会科学》2015 年第 2 期。

45. 苏忠林:《基于行政责任理论视角的"为官不为"现象探析》,载《中国行政管理》2016 年第 1 期。

46. 万广华、吴一平:《司法制度、工资激励与反腐败:中国案例》,载《经济学》2012 年第 3 期。

47. 万广华、吴一平:《制度建设与反腐败成效:基于跨期腐败程度变化的研究》,载《管理世界》2012 年第 4 期。

48. 王炳权:《各地容错纠错机制的优点与不足》,载《人民论坛》2017 年第 26 期。

49. 王尘子:《新时代反腐败斗争语境下的利益集团问题研究》,载《北京行政学院学报》2018 年第 6 期。

50. 王金柱:《容错纠错机制决非权宜之计》,载《人民论坛》2017 年第 26 期。

51. 王少剑、方创琳、王洋:《京津冀地区城市化与生态环境交互耦合关系定量测度》,载《生态学报》2015 年第 7 期。

52. 王希鹏、胡扬:《中国腐败治理结构变迁与纪检监察机关职能定位审视》,载《河南社会科学》2014 年第 7 期。

53. 魏星、丁忠毅:《全面深化改革背景下构建干部容错机制探析》,载《中共浙江省委党校学报》2017 年第 4 期。

54. 吴爱明、崔晶:《公共行政理论有关人的认识对建立我国公务员激励机制的启示》,载《人才资源开发》2005 年第 3 期。

55. 肖滨、黄迎虹:《发展中国家反腐败制度建设的政治动力机制——基于印度制定"官员腐败调查法"的分析》,载《中国社会科学》2015年第5期。

56. 解其斌、刘艳梅、赵宇:《关于建立容错纠错机制的探讨与设计》,载《领导之友》2017年第1期。

57. 徐永慧:《以反腐败助推高质量发展的路径——基于腐败成因的视角》,载《中国流通经济》2019年第4期。

58. 徐玉莲、王玉冬、林艳:《区域科技创新与科技金融耦合协调度评价研究》,载《科学学与科学技术管理》2011年第12期。

59. 许晓娟、彭志刚:《中国反腐败调查模式的本土化问题研究》,载《江西社会科学》2016年第3期。

60. 许耀桐:《治理为官不为、懒政怠政问题刍议》,载《中共福建省委党校学报》2015年第10期。

61. 薛瑞汉:《建立健全干部改革创新工作中的容错纠错机制》,载《中州学刊》2017年第2期。

62. 杨其静、蔡正喆:《腐败、反腐败与经济增长——基于中国省级纪检监察机关信访执纪数据的再评估》,载《经济社会体制比较》2016年第5期。

63. 杨秀平、翁钢民、张雪梅:《耦合理论在旅游研究中应用领域的国内研究评述与展望》,载《地域研究与开发》2013年第6期。

64. 杨志云、毛寿龙:《制度环境、激励约束与区域政府间合作——京津冀协同发展的个案追踪》,载《国家行政学院学报》2017年第2期。

65. 叶中华:《容错纠错机制的运行机理》,载《人民论坛》2017年第26期。

66. 尹音频、闫胜利:《反腐败长效机制与从源治理腐败——基于国家治理现代化视角的分析》,载《经济社会体制比较》2019年第

1期。

67．于文轩、吴进进:《反腐败政策的奇迹:新加坡经验及对中国的启示》,载《公共行政评论》2014年第5期。

68．张爱军:《反腐败引发的多重风险及其化解路径》,载《行政论坛》2015年第3期。

69．张强:《社会生态环境与公务员激励机制》,载《江西行政院学报》2001年第1期。

70．张贤明、田玉麒:《论协同治理的内涵、价值及发展趋向》,载《湖北社会科学》2016年第1期.

71．张旭:《反腐败视域下的"零容忍":内涵、价值与实现》,载《当代法学》2018年第5期。

72．张哲飞、戚建刚:《公务员免责制度的规范分析》,载《理论探讨》2017年第4期。

73．赵驹:《我国公务员激励机制存在的问题与对策研究》,载《管理世界》2013年第4期。

74．周黎安、赵鹰妍、李力雄:《资源错配与政治周期》,载《金融研究》2013年第3期。

75．周琪:《美国的政治腐败和反腐败》,载《美国研究》2004年第3期。

76．周亚越:《公务员激励机制对行政效能的影响及其完善》,载《宁波大学学报(人文科学版)》2004年第4期。

77．朱红灿、张冬梅:《政府信息公开公众满意度测评指标体系的构建》,载《情报科学》2014年第4期。

78．朱坚强:《论行政管理效率观——兼谈我国行政管理效率的现状及其改观对策》,载《东南大学学报(哲学社会科学版)》2000年第1期。

79. 竹立家:《容错与问责》,载《中国党政干部论坛》2016年第8期。

二、英文文献

1. A. B. Carroll, The Four Faces of Corporate Citizenship, *Business and Society Review*, 1998, 100-101(1):1-7.

2. A. B. Carroll, The Pyramid of Corporate Social Responsibility: Toward the Moral Management of Organizational Stakeholders, *Business Horizons*, 1991, 34(4):39-48.

3. A. Breton, *Competitive Governments: An Economic Theory of Politics and Public Finance*, Cambridge University Press, 1998.

4. A. H. Maslow, *Motiva Motivation and pPersonalitytion and Personality*, Harper & Row, 1999.

5. Amy J. Hillman and Michael A. Hitt, Corporate Political Strategy Formulation: A Model of Approach, Participation, and Strategy Decisions, *The Academy of Management Review*, 1999, 24(4):825-842.

6. Andrew Hodge, Sriram Shankar, D. S. Prasada Rao, & Alan Duhs, Exploring the Links Between Corruption and Growth, *Review of Development Economics*, 2011, 15(3):474-490.

7. A. P. Carnevale, and D. G. Carnevale, Public Administration and the Evolving World of Work, *Public Productivity & Management Review*, 1993, 17(1):1-14.

8. A. W. Staats, Skinner's Theory and the Emotion-Behavior Relationship: Incipient Change with Major Implications, *American Psychologist*, 1988, 43(9):747-748.

9. Axel C. Mühlbacher, Volker E. Amelung, & Christin Juhnke, Contract Design: Financial Options and Risk, *International Journal of Integrated Care*, 2018, 18 (1): 1-7.

10. B. Berelson and G. A. Steiner, *Human Behavior: An Inventory of Scientific Findings*, Harcourt, Brace & World, 1964.

11. Bengt Holmström, On the Theory of Delegation, in M. Boyer and R. Kihlstrom (eds.), *Bayesian Models in Economic Theory*, North-Holland Publishing Company, 1984.

12. Bethany L. Woodworth, Modeling Population Dynamics of a Songbird Exposed to Parasitism and Predation and Evaluating Management Options, *Conservation Biology*, 1999, 13(1): 67-76.

13. Charles E. Lindblom, *Politics and Markets: The World's Political-Economic Systems*, Basic Books, 1977.

14. David Martimort and Lars A. Stole, A Theory of Common Agency with Common Screening Devices, with Applications to Public Goods, Price Discrimination and Political Influence, USC FBE Applied Economics Workshops, 2004.

15. Douglass C. North, *Institutions, Institutional Change and Economic Performance*, Cambridge University Press, 1990.

16. Friedrich List, *The Natural System of Political Economy 1837*, translated and edited by W. O. Henderson, Frank Cass, 1983.

17. Herbert A. Simon, Bounded Rationality in Social Science: Today and Tomorrow, *Mind & Society*, 2010, 1(1): 25-39.

18. Herbert Spencer, *The Study of Sociology*, University of Michigan Press, 1961.

19. H. R. Bowen, *Social Responsibilities of the Businessman*,

Harper & Row, 1953.

20. I. S. Rubin, *The Politics of Public Budgeting: Getting and Spenending, Borrowing and Balancing* (4*th Edition*), Chatham House Publishers, 2000.

21. Jean Tirole, Incomplete Contracts: Where Do We Stand? *Econometrica*, 1999, 67(4): 741-781.

22. John R. Searle, *Rationality in Action*, The MIT Press, 2003.

23. J. Stacy Adams and Sara Freedman, Equity Theory Revisited: Comments and Annotated Bibliography, *Advances in Experimental Social Psychology*, 1976, 9: 43-90.

24. Kathleen A. Getz, Research in Corporate Political Action: Integration and Assessment, *Business & Society*, 1997, 36(1): 32-72.

25. Ken G. Smith, Edwin A. Locke, & David Barry, Goal Setting, Planning, and Organizational Performance: An Experimental Simulation, *Organizational Behavior and Human Decision Processes*, 1990, 46(1): 118-134.

26. L. Hurwicz, On Informationally Decentralized Systems, in C. B. McGuire and R. Radner (eds.), *Decision and Organization*, North-Holland Publishing Company, 1972.

27. M. Olson, *The Logic of Collective Action: Public Goods and the Theory of Groups*, Harvard University Press, 1965.

28. Murray L. Weidenbaum, Public Policy: No Longer A Spectator Sport for Business, *Journal of Business Strategy*, 1980, 1(1): 46-53.

29. Nicolai J. Foss and Peter G. Klein, Reflections on the 2016 Nobel Memorial Prize for Contract Theory (Oliver Hart and Bengt Holmström), *Erasmus Journal for Philosophy and Economics*, 2016, 9(2):167-180.

30. Oliver Hart, *Firm, Contract and Financial Structure*, Oxford University Press, 1995.

31. Ramesh Kumar Moona Haji Mohamed and Che Supian Mohamad Nor, The Relationship Between McGregor's X-Y Theory Management Style and Fulfillment of Psychological Contract: A Literature Review, *International Journal of Academic Research in Business & Social Sciences*, 2013, 3(5):715-720.

32. R. A. Musgrave and P. B. Musgrave, *Public Finance in Theory and Practice*, McGraw-Hill, 1984.

33. R. A. Musgrave, *The Theory of Public Finance: A Study in Public Economy*, McGraw-Hill, 1959.

34. R. H. Coase, The Nature of the Firm, *Economica*, 1937, 4(16):386-405.

35. Sandra A. Waddock, Parallel Universes: Companies, Acadimics, and the Progress of Corporate Citizenship, *Business and Society Review*, 2004, 109(1):5-42.

36. Sandra A. Waddock, The Multiple Bottom Lines of Corporate Citizenship: Social Investing, Reputation, and Responsibility Audits, *Business and Society Review*, 2000, 105(3):323-345.

37. Shad S. Morris and Scott A. Snell, Intellectual Capital Configurations and Organizational Capability: An Empirical Examination of Human Resource Subunits in the Multinational

Enterprise, *Journal of International Business Studies*, 2011, 42(6): 805-827.

38. Stephen P. Robbins, *Essential of Organizational Behavior (7th Edition)*, Prentice Hall, 2003.

39. Stephen P. Robbins, *Organizational Behavior and Self-Assessment Library*, Prentice Hall, 2004.

40. Suryadipta Roy, Is Corruption Anti-Labour? *Applied Economics Letters*, 2010, 17(4): 329-333.

41. Ting Gong, Shiru Wang, & Jianming Ren, Corruption in the Eye of the Beholder: Survey Evidence from Mainland China and Hong Kong, *International Public Management Journal*, 2015, 18(3): 458-482.

42. Tom Ling, Delivering Joint-up Government in the UK: Dimensions, Issues and Problems, *Public Administration*, 2002, 80(4): 615-642.

43. Victor H. Vroom, *Work and Motivation*, Wiley, 1964.